SAINT THEUDÈRE

ET

SON ABBAYE DE SAINT-CHEF

ÉTUDE HISTORIQUE

PAR L'ABBÉ VARNET.

TROISIÈME ÉDITION.

Mon Dieu, donnez-nous des Saints !
(Le P. Félix).

GRENOBLE,

BARATIER FRÈRES ET DARDELET, IMPRIMEURS-LIBRAIRES,

Grand'rue, 4.

1873

250 Grenoble, imprimerie BARATIER. 7690

APPROBATION DONNÉE A LA PREMIÈRE ÉDITION.

Ayant examiné l'opuscule de M. l'abbé Varnet, intitulé : *Saint Theudère, fondateur et patron de Saint-Chef,* nous en autorisons la publication, et nous avons la confiance que ce livre intéressera la piété des prêtres et des fidèles, et pourra développer le zèle du clergé pour la recherche et la conservation des antiquités ecclésiastiques du diocèse.

Grenoble, le 12 janvier 1859.

ORCEL, *vicaire général.*

Voici ce que la *Semaine religieuse* de Grenoble a bien voulu dire de la deuxième édition, parue en dix articles dans ce recueil :

Au moment où nous annoncions la fête de saint Theudère, nous avons reçu de M. l'abbé Varnet, la continuation de son étude sur le Bienheureux qui est l'honneur de son pays natal... L'intérêt biographique que présentent ces pages ne peut manquer d'intéresser vivement nos lecteurs. Nous félicitons sincèrement notre vénéré confrère de son zèle et de sa sagacité pour mettre en lumière nos plus pures gloires dauphinoises, et nous souhaitons ardemment que son exemple soit imité.

Semaine relig., 3ᵐᵉ année, n° 11.

La Rédaction.

————

Les lignes trop flatteuses qui suivent se rapportent aussi à la première édition :

.... In his rerum adjunctis opportunè recepimus vitam beati Theuderii a rev. D. Varnet exaratam, opusculum mole quidem leve, sed accuratâ eruditione pretiosum, in quo plura nobis obscura et ambigua apprimè dilucidantur.

Les nouveaux Bollandistes, dernier vol. paru. Voir au 29 octobre.

DÉDICACE.

Ce petit ouvrage a quelque prétention à un patronage auguste. Choisie par saint Theudère lui-même pour patronne de son monastère du Val-Rupien (Saint-Chef), la glorieuse Mère de Dieu ne l'est-elle pas, par là même, d'un livre consacré à la mémoire du saint fondateur?

Qu'il me soit permis de rappeler et de renouveler ici l'antique alliance qui rattache les enfants spirituels de saint Theudère à la très-pure Vierge. N'oubliez point, religieux habitants de la vaste commune de Saint-Chef, à qui principalement je destine cet ouvrage, que vous avez des droits particuliers à la protection de la Mère du Sauveur; et vous, Vierge sainte, ne cessez de protéger et de bénir ces chrétiennes populations qui furent toujours fidèles à votre culte, et qui tiennent à honneur de ne point laisser prescrire leur titre historique à votre maternelle tendresse.

PRÉFACE.

~⌊⌉~

C'est en 1859 que parut notre première Notice sur saint Theudère. Ce petit livre ayant un peu disparu, et les articles que nous avons publiés sur le même sujet dans la *Semaine religieuse* de Grenoble, ne formant pas un tout lié et complet, il nous a semblé que notre travail demandait à revivre en une édition, que de nouvelles découvertes rendraient de plus en plus intéressante et qui nous fournirait l'occasion désirée de compléter notre œuvre.

Il semble que les *Acta sanctorum* des Bollandistes, ouvrage des plus considérables et des plus utiles qui aient été entrepris et qui fait le plus grand honneur à l'ordre de saint Benoît, et surtout à l'homme éminent qui en a conçu l'idée et lui a donné son nom, il semble que cet ouvrage n'ait en rien à voir dans notre modeste étude, et cependant nous avons à en dire ici quelques mots. On sait communément que cette vaste collection des *vies des saints* fut forcément interrompue, vers l'an 1794, par le contre-coup des événements politiques. On n'était qu'au 15 octobre, à la vie de sainte Thérèse; celle de saint Theudère qui est au 29 du même mois n'était pas traitée.

Mais la Providence devait susciter des continuateurs à l'œuvre de Bollandus, et dès que la paix fut rendue à l'Eglise et à la société européenne, la compagnie de Jésus comprit qu'il y avait là pour elle un héritage de labeur et de mérite à recueillir. Un comité de rédaction fut formé et installé à Bruxelles, résidence des premiers Bollandistes, et dès l'an 1838, l'œuvre inachevée put être reprise. Theudère aurait donc son tour; mais comme ce travail n'avance qu'avec cette prudente lenteur qui est, pour l'œuvre, une sûre garantie de succès, notre Saint dut attendre ce tour une trentaine d'années encore, laps de temps nécessaire pour faire avancer l'ouvrage de quinze jours seulement.

Enfin on arrive au 29 octobre et c'est l'année 1866 qui amène l'enfant d'Arcisse et le fonda-

teur de Saint-Chef devant le docte aréopage de
la cité belge. Il y comparut comme un étranger
et un inconnu, et s'il fut salué, comme autrefois
à Arles, par son nom, tant s'en faut du moins
que les Révérends Pères le comprissent à première vue, comme avait fait saint Césaire. —
Où se trouve la *villa Assisia*, qui lui a donné
le jour ? où le Val-Rupien, principal théâtre de
ses labeurs ? où le Castrum Alarona ? etc. La
première question à résoudre, la question topographique, s'offrait à eux comme un difficile
problème. Mais, fidèles à leurs habitudes, les
Révérends Pères, qui n'omettent aucun moyen
d'investigation, eurent recours à Mgr Ginoulhiac,
évêque de Grenoble, et c'est nous que vint
surprendre, par l'entremise de M. le chanoine
Auvergne, l'honneur de répondre à leur ques-
tionnaire. Toute étonnée, notre modeste Notice
de 1859 alla s'étaler sous les yeux des célèbres
collecteurs des *Actes des Saints*, et bientôt un
remercîment gracieux nous revenait du Ré-
vérend Père Vandermœre, qui nous demandait
quelques nouveaux renseignements, et nous
priait d'ajouter à la vie du Bienheureux, l'histoire de son Abbaye, avant que les années eussent fait disparaître, jusqu'au dernier, les mémoires qui y ont rapport. Nous regrettâmes alors,

voyant que notre travail allait être utilisé par des hommes aussi compétents, de n'avoir pas mis la dernière main à notre œuvre; et quand il nous a été donné de faire quelques découvertes précieuses, notre regret s'est accru de la pensée que nous venions trop tard et que notre nouveau butin archéologique resterait privé de la consécration que lui eût donnée le haut contrôle des Bollandistes.

Nous venons donc de parcourir avec une vive curiosité les *Acta Beati Theuderii*, édités en Belgique. Cette *vie* a trois parties : 1º saint Theudère d'après les divers martyrologes qui ont fait mention de lui; 2º la légende de saint Adon telle que nous l'avons, avec quelques variantes puisées dans diverses versions; 3º une multitude de renseignements sur le Saint et sur son monastère, tirés soit de l'histoire de Charvet, soit de notre Notice, le tout accompagné de digressions et discussions variées, toujours fort intéressantes sous la plume des doctes hagiographes. D'ailleurs, ni Chorier, ni nos autres historiens dauphinois ne sont cités. Et nous n'avons trouvé dans cette œuvre aucun document ayant un rapport direct à saint Theudère, qui nous fût resté inconnu.

Encouragé par la haute approbation donnée

à notre étude par les Révérends Pères; allégé, venant aujourd'hui après eux, de la crainte de laisser en arrière quelque *mémoire* qui nous eût échappé, il ne se peut que nous ne revenions à notre œuvre, qui sera cette fois définitive, avec un surcroît d'aisance et une confiance légitime.

Et si la disparition des documents, si d'autres circonstances ne nous permettent pas de tracer une histoire complète de l'Abbaye qui fut l'œuvre principale du Bienheureux, nous en donnerons au moins une exquisse aussi satisfaisante que possible.

Nous aurons donc deux parties principales, dont la première comprendra la vie de saint Theudère, et la deuxième l'histoire de son Abbaye.

La vie du Saint se divise elle-même en trois chapitres bien distincts : 1° le Noviciat du Bienheureux ou son séjour à Arles; 2° ses œuvres, ou ses fondations dans sa province; 3° son séjour à Vienne, sa mort et sa sépulture.

PREMIÈRE PARTIE.

VIE DE SAINT THEUDÈRE

PRÉAMBULE.

I

IDÉE DU SUJET.

Saint Theudère vint au monde vers la fin du ve siècle ou au commencement du vi^e, car il est dit de lui, dans saint Adon, qu'il mourut en *un âge avancé*, et c'était l'an 575 de J.-C.

Le lieu de sa naissance est Arcisse (Assisia), hameau de Saint-Chef, sur la route de Bourgoin à Morestel, et à une dizaine de kilomètres de cette dernière petite ville. Il quitta de bonne heure ses parents qui étaient nobles et riches, pour se rendre au monastère de Lérins, situé dans une petite île de la Méditerranée, sur la côte de Provence, et s'y consacrer tout entier au service de Dieu. Arrivé à Arles, il se présente à saint Césaire, évêque de cette ville, qui avait été moine à Lérins, dans le désir d'en recevoir quelques conseils. Mais cet évêque, charmé des brillantes qualités qu'il découvrit en ce jeune homme, le retint auprès de lui, le plaça dans son école ecclésiastique ou dans son monastère, situé au faubourg de la ville, et plus tard il l'éleva à la prêtrise. Bientôt Theudère éprouve le désir de rentrer dans sa famille et de consoler ses parents. Il revient donc dans sa province, où, livrant un libre cours à son zèle, il fonde successivement quatre monastères, dont le principal à Saint-Chef. Le bruit de ses vertus s'étant répandu au loin, l'évêque Philippe le manda dans sa ville épiscopale pour y exercer la charge des reclus. Il y passa douze ans dans la pratique des vertus les plus touchantes, après quoi, ayant rendu son âme à Dieu, il voulut, n'ayant pu rejoindre de son vivant, ses frères laissés dans son monastère de Saint-Chef, leur être rendu après sa mort. Ses dépouilles, transportées à Saint-Chef, y furent longtemps l'objet de la vénération publique.

Ce court exposé qui est le thème sur lequel roule toute cette Notice, aidera à mieux comprendre l'enchaînement de ce qui va suivre.

II

APERÇU TOPOGRAPHIQUE, POLITIQUE
ET HISTORIQUE.

Situé à trois ou quatre lieues du Rhône et sur le territoire compris entre ce fleuve et les Alpes, Saint-Chef, ou mieux Arcisse, berceau du Saint, dépendait du royaume de Bourgogne, dont Vienne était la capitale. On sait que cette ville, humble chef-lieu de sous-préfecture aujourd'hui, était à l'époque dont nous parlons, une résidence royale, et, sous le rapport religieux, un des siéges épiscopaux les plus illustres des Gaules, la ville des Saints : *Vienna sancta*.

Saint Avit, sous le pontificat duquel saint Theudère vint au monde, en réhaussait encore l'éclat par son zèle épiscopal, et par une érudition peu commune. Le sceptre royal était aux mains de Gondebaud, Gondebaud, le prince obstiné dans l'*arianisme*, l'assassin de ses frères et de ses neveux, et en même temps l'oncle de deux filles pieuses qu'il avait rendues orphelines, mais qui conservaient la vraie foi au milieu d'une Cour où l'hérésie s'était installée. A l'une de ces filles, destinée au trône de France, une mission importante était réservée : reine, elle jetterait dans le cœur de Clovis, son époux, et aussi dans le cœur de la nation francque, ces germes féconds de la foi qui devaient y germer comme un puissant levain ; veuve, elle serait l'instigatrice d'une guerre qui amènerait la chute de sa famille contre laquelle criait le sang de son père et de ses frères, puis l'incorporation à la France de son pays natal. Cette guerre suscitée par Clotilde contre les Bourguignons, et terminée en 535, par le partage du pays conquis entre les vainqueurs, offre un épisode intéressant pour le sujet que nous traitons : c'est la bataille de Vézeronce.

Ce champ de bataille, un vrai champ de carnage, ce jour-là (523), situé entre Morestel et Arcisse, et confinant les terres de la famille d'Assise, si même elle n'en faisait pas partie, est encore connaissable à des tronçons d'armes qu'on y trouve et surtout à un tertre (Mollar de Kouën-*Kin* ou *König*, roi — le tombeau du roi) qu'on tient pour être le lieu de la sépulture de Clodomir, qui y fut enseveli dans sa victoire.

Le choc des deux armées fut terrible, et les Français commençaient à plier lorsqu'ils aperçurent la tête chevelue de leur roi, perchée sanglante au haut d'une pique. Soudainement ralliés à ce navrant spectacle, ils se ruent sur leurs ennemis, la rage au cœur, et les écrasent. La victoire leur coûtait cher, ils la firent payer par d'affreux ravages exercés sur le territoire Bourguignon (*Gesta francorum* XXI, Gabourd, *histoire*

de France, t. I, p. 131). Quel fut le rôle des parents de
saint Theudère dans cette bataille dont ils pouvaient
suivre les péripéties de l'œil, de quelque lieu élevé de
leur domaine? Le père du Saint combattait-il en personne à la tête de ses gens, dans les rangs de l'armée
burgonde, en sa qualité de leude ou de féal? Sa
villa assisia, qui se trouvait tout d'abord sur le chemin
des vainqueurs exaspérés, ne fut-elle point saccagée
ou impitoyablement rançonnée? Nous ne saurions le
dire; mais cet événement authentique fixe si bien le
pays et l'époque dont nous nous occupons, qu'il ne
nous était pas permis de le passer sous silence. C'est
du reste à sa suite et par le contre-coup de ces hostilités,
que la famille de notre Saint, comme la Bourgogne
entière, passa (535) sous le sceptre du roi franc.

Nous n'avons d'ailleurs aucun renseignement sur les
ancêtres de l'homme de Dieu. Cette famille faisait-elle
partie de la vieille race celtique, la race du pays? Ou
bien, était-elle venue de Rome à la suite de la conquête,
ou pendant la domination romaine? Ou bien encore,
avait-elle suivi Gundicaire, entraînant à sa suite les
hordes des *Burgundiones* de la haute Germanie? Nous
ne savons; en tout cas cette dernière supposition nous
paraît la moins probable: en effet, l'arrivée des Bur-
gondes dans nos provinces ne remontant qu'à un demi-
siècle avant la naissance de saint Theudère (448), on
ne peut guère admettre que cette famille chrétienne,
qui a élevé un oratoire à saint Maurice, et qui jouit
paisiblement d'un vaste domaine dans la contrée, ait

fait partie de l'invasion du Nord. Si donc elle n'est pas du pays même, son origine serait romaine comme sembleraient l'indiquer les noms latins et chrétiens de notre Saint et d'un frère que nous lui connaissons : *Theuderius* et *Arvus*.

Peut-être fuyant la persécution des Néron ou des Dioclétien, avait-elle apporté les semences de la foi dans nos paisibles contrées, en venant y chercher le repos et la sécurité. Ces hypothèses sont bien gratuites à la vérité; mais qui sait si l'avenir ne leur tient point quelque réponse en réserve?

III

SAINT THEUDÈRE ET SAINT ADON.

———

C'est à saint Adon, évêque de Vienne, que nous sommes redevable de la vie de saint Theudère. Ce prélat qui monta sur le siége métropolitain vers l'an 860, étant âgé lui-même de 60 ans, rédigeait cet écrit trois cents ans pleins après la mort du Bienheureux. Sans lui nous ne saurions absolument rien de saint Theudère, car il est le seul des anciens qui en ait parlé, et les auteurs plus récents qui ont eu occasion de faire quelque mention du pieux cénobite ne citent jamais que la légende Adonienne. Cette belle page hagiographique, qui n'a jamais été intégralement traduite du latin et publiée à part dans notre langue, est empreinte d'une onction si douce et si pénétrante, qu'on devinerait en la lisant, si on ne le savait d'ailleurs, que c'est un saint qui écrit la vie d'un autre saint. Et le charme dont elle a été pour nous la source, chaque fois que nous sommes revenus à elle pour la lire, la traduire ou l'expliquer, nous ferait presque nous demander si quelque mérite reste à notre labeur. A vrai dire, ce n'est pas sans quelques difficultés qu'un document de cette nature, qui compte mille ans d'existence, pouvait être remis en lumière. Comment retrouverions-nous les établissements religieux de saint Theudère incomplétement indiqués par saint Adon, et, du reste, détruits et perdus depuis des siècles, à part celui de Saint-Chef qui a, du moins, laissé des traces? Le désir de les découvrir ne serait-il pas comme un aiguillon qui nous tiendrait longtemps en haleine? Oui; mais vive aussi serait la satisfaction qui devait résulter pour nous de leur découverte! Et ne nous semble-t-il pas que les deux Saints dont nous nous occupons aient voulu accomplir à notre égard le précepte de l'Esprit-Saint : *Que le salaire de l'ouvrier ne reste pas la nuit sous votre toit* (Lévit. 19, 3).

Le titre qui est en tête de cette page annonce notre dessein d'associer dans notre vénération deux grandes âmes qui étaient si bien faites pour se connaître, et que la charité avait unies si étroitement entre le ciel et la terre, en attendant qu'une même gloire les couronnât dans la commune patrie. Alors, avant d'entamer la vie du pieux cénobite, nous esquisserons ici les principaux traits de celle, plus connue d'ailleurs, du savant prélat qui l'a écrite.

Adon, né en l'an 800, d'une illustre famille du diocèse de Sens, fut confié tout jeune aux moines bénédictins de Ferrières (Loiret), où il prit ensuite l'habit monastique.

Sa piété solide et ses brillants succès ne manquèrent pas d'attirer sur lui l'attention; et comme le monastère de Ferrières et celui de Prom, au diocèse de Trèves, vivaient en bonnes relations de fraternité, l'abbé de ce dernier monastère, le célèbre Mercuard, demanda Adon pour enseigner les saintes lettres aux religieux dont il avait la direction. Adon s'acquitta de cette charge avec distinction, et ses disciples ne tiraient pas moins de profit de ses exemples et de sa piété communicative, que de son enseignement.

Mais la Providence qui avait des desseins sur lui devait bientôt l'appeler dans une autre voie.

Il obtint en effet de ses supérieurs, après un certain temps passé dans ce monastère, la permission d'entreprendre le pèlerinage de Rome.

Il éprouvait le besoin de se distraire de quelques ennuis qui lui avaient été causés au sujet de l'austérité de ses mœurs et de son scrupuleux attachement aux saintes prescriptions de la vie religieuse. Adon passa cinq ans dans la capitale du monde chrétien, occupé tout d'abord à réchauffer sa foi et sa piété auprès du tombeau des Apôtres, et ensuite à acquérir de précieuses connaissances en consultant, à leur source, les monuments de la science sacrée. Et c'est ainsi qu'il commença ces fortes études qui lui ont valu une place parmi les savants du moyen âge.

De retour à Lyon, où l'avait précédé sa réputation de science et de vertu, il fut bien accueilli par l'archevêque Rémy, qui lui confia la direction de l'importante paroisse de Saint-Romain. Mais quelques années s'étant écoulées, et le siége de Vienne étant devenu vacant, le Saint fut appelé à l'occuper. Son sacre eut lieu dans le mois de septembre, en 860, et ce furent les prélats Rémy, de Lyon, et Ebbon, de Grenoble, qui lui donnèrent l'onction épiscopale. Il gouverna cette Eglise l'espace de quinze ans et mourut en 875. C'était juste trois siècles après la mort de saint Theudère, qui avait, ainsi que son auguste historien, passé à Vienne les dernières années de sa vie; l'un et l'autre, d'ailleurs, avaient également honoré l'habit monastique, car saint Adon, devenu évêque, n'avait été que plus fervent religieux encore, ne croyant pas que les honneurs de l'épiscopat le dispensassent des austérités du cloître, ni de la pratique exacte des prescriptions monacales.

Saint Adon tient un rang distingué parmi les plus illustres archevêques de la métropole et parmi ceux, en grand nombre, qui ont été décorés du titre de saints. Une double auréole orne donc le front du prélat historien, l'auréole de la science se joignant en lui à celle de la sainteté; et la société chrétienne lui est redevable de plusieurs ouvrages importants. De ce nombre sont : 1º son martyrologe; les perfectionnements qu'il sut donner à ce genre d'ouvrage le firent tout de suite apprécier et le rendirent populaire; 2º sa *Chronique*, ou *Histoire abrégée du monde*, depuis la création jusqu'à l'époque où il vivait. Ce livre a éclairci des questions obscures et rendu des services à la chronologie sacrée; 3º enfin, nous lui devons la vie de deux Saints dont il

n'avait pas fait mention dans son martyrologe et qui
sont de son diocèse, ce qui fait supposer qu'il ne les
a connus que lorsqu'il est devenu évêque; ce sont :
saint Didier, un de ses prédécesseurs sur le siége de
Vienne, et qui fut martyr de la reine Brunehault; puis,
saint Theudère, abbé, fondateur et patron de Saint-
Chef.

Et c'est la vie de ce dernier, particulièrement précieuse pour nous, qui va faire le sujet de ce livre.

Tel a été saint Adon, personnage grandement connu ;
il nous reste à dire ce que fut saint Theudère, qui l'est
beaucoup moins.

Et ces deux noms revenant tour à tour sous notre
plume, donneront à ces pages tout le charme auquel
elles peuvent prétendre, et en même temps, ils allé-
geront la tâche que nous nous sommes imposée et
ranimeront notre courage.

VIE DE SAINT THEUDÈRE.

CHAPITRE PREMIER.

NOVICIAT DU BIENHEUREUX. — SON SÉJOUR A ARLES.

SAINT THEUDÈRE ET SAINT CÉSAIRE.

« *Adon, évêque de Vienne, à nos Frères réunis dans le monastère de Saint-Theudère, salut éternel en N.-S. J.-C.* (1).

» Mon dessein est d'entretenir votre piété de la vie et des vertus de votre bienheureux père saint Theu-

(1) Le texte latin se trouve dans Mabillon, *Acta Benedict.*, tom. I, p. 677, n° 5.

dère, afin d'exciter de plus en plus en vos âmes, par l'autorité de ses exemples, le désir de la béatitude éternelle.

» Puissiez-vous devenir les dignes émules, les imitateurs fidèles de celui dont vous avez le bonheur, à ma grande joie, d'être les enfants spirituels *(Voir note A)* (1).

» Voici donc quelle fut l'origine, quelle a été la vie de ce saint homme. Theudère vit le jour dans la province viennoise ; ses parents, illustres selon le monde, lui destinaient un riche patrimoine ; mais dès son enfance il se mit à soupirer de tout son cœur après les biens que nos yeux ne peuvent voir. Et comme il possédait certains biens de provenance patrimoniale, il se hâta, voulant devenir parfait disciple de Jésus-Christ, de se dépouiller de tout en faveur des pauvres, pour acquérir le centuple promis en ce monde et l'éternelle béatitude en l'autre. S'étant donc dégagé de tout lien temporel et ayant quitté l'habit séculier, il se met en mesure de se rendre au monastère de Lérins, afin de servir Dieu en toute perfection » (2).

Le monastère, fondé un siècle auparavant par saint Honorat, dans l'île de Lérins, sur la côte de Provence et près d'Antibes, et qui porte aujourd'hui le nom même de saint Honorat, jouissait alors d'une grande réputation de science et de sainteté. Là, s'étaient for-

_____

(1) Les majuscules A B C, etc., indiquent des notes reportées à la fin.

(2) Les guillemets («) indiquent le texte de saint Adon.

més les Hilaire, les Vincent, les Maxime, les Fauste,
les Césaire et la plupart des grands Evêques de la
Gaule. C'était une pépinière de saints prélats et d'illustres docteurs. Il en fallait moins pour séduire le cœur
de Theudère. Avide du genre de vie austère et laborieux qu'on y menait, il ne songe plus qu'à s'arracher,
pour répondre à l'attrait de la grâce, aux bras de sa
famille et aux charmes du pays natal. Souvent pros-
terné sur les dalles de l'oratoire de saint Maurice, il y
avait senti naître sa vocation, et, comme autrefois le
patriarche, il avait entendu la voix du ciel l'appelant
à la perfection : *Sors de ton pays, quitte ta parenté
et la maison de ton père, et je te donnerai une nombreuse postérité. Ton nom sera célèbre et je bénirai ceux
qui te béniront* (Gen. XII, 1). — *Mon cœur est prêt,
Seigneur*, avait répondu le jeune prédestiné, *je sais
qu'un moment qu'on passe au pied de vos autels vaut
mieux qu'un siècle dans le palais des mortels* (ps. 83, 11),
et prenant le bâton de voyage, il s'acheminait vers les
côtes de la Méditerranée pour rejoindre les moines de
Saint-Honorat. Mais la Providence qui a pour ses élus
des attentions maternelles lui destinait une autre école
et un maître éminent. Et c'est à Arles qu'il devait se
fixer. Laissons parler saint Adon :

« Il quitta donc sa famille, et, s'abandonnant tout
entier à l'esprit de Dieu, il conçoit l'idée de se rendre
d'abord à Arles où vivait alors l'évêque saint Césaire ;
il espérait que guidé et encouragé par les sages avis de

ce prélat, il se dirigerait plus sûrement vers l'île des
saints religieux. Mais le Dieu tout-puissant, sans la
volonté duquel rien ne se fait ici-bas, disposa ainsi les
choses, que le Bienheureux dût céder aux désirs de
Césaire et se fixer dans sa ville épiscopale. On rapporte que, sitôt qu'ils se virent, ces deux hommes de
Dieu se saluèrent par leurs propres noms, et que bien
qu'ils eussent été jusque-là étrangers l'un à l'autre,
ils se comprirent si bien et se prodiguèrent de si touchants témoignages d'estime et d'affection, que ceux
qui en furent les témoins ne doutèrent pas qu'ils ne
fussent admis à une sainte familiarité avec le ciel,
avant-goût de cette félicité inénarrable où tous se verront dans la pleine lumière de la vérité, alors qu'il
nous sera donné de contempler, non plus comme dans
un miroir et à travers un voile, ce Dieu qui illumine
les plus épaisses ténèbres et manifeste tous les secrets
des cœurs. »

C'est ainsi que dans les solitudes de la Thébaïde,
saint Paul et saint Antoine, ces deux patriarches du
désert, s'étaient salués par leurs noms sans s'être
jamais vus; et dans des temps moins éloignés, saint
Dominique et saint François d'Assise étaient tombés
dans les bras l'un de l'autre, la première fois qu'ils se
rencontrèrent, par le pressentiment admirable de leur
commune vocation. L'on sait aussi que saint François
de Sales et sainte Chantal se reconnurent, tels qu'ils
s'étaient vus l'un l'autre dans de secrètes communica-

tions avec Dieu, lorsqu'ils s'aperçurent pour la première fois à Dijon.

« Tout joyeux de la rencontre qu'il vient de faire,
et glorifiant Dieu des dons éminents de la grâce dont il
voit ce jeune homme favorisé, Césaire lui dit : « En-
» fant de Dieu, ne te refuse pas à mes désirs, et le Sei-
» gneur comblant les vœux de ton cœur, te remplira
» de son amour. Demeure auprès de nous, soumis à
» la règle imposée aux aspirants au sacerdoce, —
» *ecclesiastico ordini subditus;* — avec la grâce de Dieu,
» tu te montreras fidèle aux prescriptions que nous
» t'aurons fait connaître, et remplissant tes devoirs
» avec mansuétude et humilité, tu ne te verras point
» refusée cette gloire enviable que l'Esprit-Saint
» communique à ses élus » (Eccl., 3, 19). Le Saint ré-
pondit : « Je sais, vénéré père, que le Seigneur a dit
» aux siens : *Qui vous écoute m'écoute, et qui vous mé-*
» *prise, me méprise;* je me garderai donc de vous
» désobéir. Vos paroles, au contraire, seront pour moi
» comme les ordres de Dieu lui-même. » Et le Bienheureux, puisque tel était le désir du saint prélat, se
fixa dans la cité arlésienne. Là, répandant nuit et
jour son âme devant Dieu dans le jeûne et la prière,
il devint de plus en plus cher au pieux pontife, en
même temps qu'il faisait l'édification des fidèles et la
joie des bienheureux qui jouissent de la félicité éternelle » (*Voir note* B).

Césaire, né vers l'an 470, d'une famille qui habitait le territoire de Châlons-sur-Saône, ayant eu de bonne heure les mêmes aspirations que saint Theudère, avait tout quitté comme lui, pour aller s'ensevelir dans le monastère de Lérins, où il devint un modèle accompli des vertus religieuses et fut choisi pour la charge de cellérier. Cependant il y resta moins longtemps qu'il se l'était proposé, car quelques moines l'ayant accusé d'une excessive sévérité, il crut devoir quitter son emploi d'abord ; puis, plus tard, contractant, par suite des austérités qu'il s'imposait, une maladie qui fit craindre pour ses jours, il dut revenir à Arles consulter les médecins. Il y fit connaissance avec l'évêque Eonius, son compatriote et son parent. Ce prélat le prit en grande affection, et après l'avoir demandé à son supérieur, l'abbé de Lérins, il lui conféra le diaconat, puis le sacerdoce. Ensuite il le mit à la tête de son monastère, situé au faubourg de la ville, dans une petite île formée par le Rhône. Trois ans se passèrent, et Eonius, se voyant proche de sa fin, demanda Césaire pour son successeur. Le Saint, effrayé du fardeau qu'il était question de lui imposer, prit la fuite et se cacha. Mais ayant été découvert, il fut forcé d'acquiescer aux vœux du peuple et du clergé qui l'avaient élu pour leur pasteur. C'était en l'année 501, il avait trente ans, et il en passa plus de quarante dans l'épiscopat.

Césaire devenu évêque quand Theudère venait au monde, avait une vingtaine d'années d'épiscopat quand il vit venir à lui le jeune pèlerin d'Arcisse. Cet illustre prélat d'abord moine, puis abbé, fondateur d'un monastère de concert avec sa sœur Césarie; directeur d'une des plus célèbres écoles du temps, et auteur de deux règles monastiques, dont une pour les hommes et l'autre pour les femmes; ce prélat, d'une sainteté éminente et d'une rare érudition, était une des plus belles gloires de l'Eglise des Gaules!

Certes, l'inspiration qu'avait eue Theudère de le consulter, et celle qu'a Césaire de retenir ce jeune homme auprès de lui, cette double inspiration était un beau témoignage des complaisances du ciel pour notre Saint.

Quel maître la Providence lui donnait! un saint et un docteur de l'Eglise! Et quelles ressources il allait trouver à Arles pour se préparer au service des autels, pour se former à la vie religieuse, et acquérir ces trésors de doctrine, indispensables pour répondre aux desseins de la Providence sur lui! Arles lui offrait un beau spectacle : école ecclésiastique brillante, monastères, hospices; il voit tout cela se fonder et prendre essor par les soins et sous l'œil vigilant de son illustre maître; comment ne se dirait-il pas que lui aussi pourrait s'essayer à la réalisation de quelques œuvres semblables au milieu des populations pauvres encore de ces secours, près desquelles la Providence l'avait fait naître.

« Quelque temps s'écoule, et Césaire, désireux de

l'enrôler dans la milice sacerdotale, lui confère d'abord le diaconat, non sans avoir lutté contre bien des scrupules qui naissaient, chez le Saint, de sa profonde humilité, puis, après le temps voulu, faisant droit aux vœux du clergé et du peuple, il lui donna l'onction sacerdotale (1).

« Theudère reçut cette dignité avec une ferveur si grande, qu'il faisait l'admiration de tous par la piété qu'il montrait dans l'accomplissement de ses fonctions, et par de si profonds sentiments d'humilité, qu'il se fût soumis, lui, l'élu de Dieu, à ceux de ses frères qui étaient aux plus bas emplois. C'est qu'il méditait sans cesse ces paroles du Seigneur : *Celui qui s'abaisse sera élevé*, et cette autre non moins salutaire : *Autant vous êtes élevé au-dessus de vos semblables, autant devez-vous*, si vous aspirez aux faveurs de l'Esprit-Saint, *vous humilier en toutes choses* (Eccl. 3, 20).

» Un certain temps s'étant écoulé encore, l'homme de Dieu conçut le désir de revoir son pays natal et de consoler sa famille. Il en ouvrit son cœur au saint prélat, le priant de bénir son départ et son retour, mais Césaire en conçut aussitôt un profond chagrin. Cependant, comprenant bientôt qu'il ne pouvait s'opposer à un désir si légitime, il lui donna, maîtrisant l'amertume de ses regrets, le consentement demandé.

---

(1) Diaconat et prêtrise. Le sous-diaconat n'existait alors que sous le nom de premier diaconat. Il y avait le premier et le second diaconat.

Puis on vit le Bienheureux, comblé des bénédictions de son père spirituel, sortir de la ville au milieu d'une grande affluence de prêtres et de fidèles qui réclamaient leur Saint avec larmes, et parvenant à peine, pour se mettre en route, à s'arracher aux regrets de la foule » *(Voir note* C).

Devenu prêtre, l'homme de Dieu a songé à revenir apporter quelque consolation dans la maison paternelle, attristée depuis son départ; c'est un heureux et un saint prodigue qui revient à son père et à sa mère, non point avec des haillons, mais le front empreint de l'onction sacerdotale, les mains pleines de bénédictions. Tant il est vrai que la divine charité, loin d'éteindre les sentiments de la nature, les développe plutôt en les sanctifiant. Mais une autre pensée le domine, car chez les saints tout s'ennoblit au contact de la grâce, il pense, maintenant qu'il est prêtre et que ses lèvres sont devenues gardiennes de la sagesse et de la sainte doctrine, que le temps est venu pour lui d'en répandre les trésors; il pense qu'il y a dans la contrée qui l'a vu naître, des populations pauvres encore de ces secours religieux qui abondent dans la ville de saint Césaire et que c'est là qu'il doit de préférence dispenser les dons spirituels que l'Esprit-Saint lui a départis. Qui dirait les saintes pensées qui se pressent dans son âme? humble, il fuit la grande cité pour se donner aux pauvres de la chaumière; plein d'amour pour la contemplation, c'est dans le sein des solitudes aux vastes horizons, c'est dans les profondes forêts qu'il aspire à aller s'ensevelir pour mieux contempler le ciel et jouir plus à son aise des visions qui lui sont familières. Ce qui est certain, c'est que livré tout entier comme l'apôtre, aux inspirations de la grâce, il revient parce que l'Esprit-Saint le rappelle, comme il était parti sous son égide. Nous avons admiré la ferveur du jeune novice ; il nous reste à le voir à l'œuvre et à suivre l'homme de Dieu dans les entreprises auxquelles va le porter le zèle dont il est embrasé.

Notes sur le Chapitre premier.

A.

Si les Sarrasins ont saccagé le monastère du Val-Rupien dans le cours du vıııᵉ ou ıxᵉ siècle, il faut bien qu'il ait été relevé, et que l'essaim monastique s'y soit rétabli et recruté, puisque saint Adon qui écrit cette légende pendant son épiscopat (860 à 875), l'adresse aux enfants spirituels du Bienheureux et les exhorte à marcher sur les traces de leur bienaimé père. Nous n'avons de ce saccage de l'abbaye d'autre témoignage que la tradition, témoignage suffisant pour la garantie du fait, mais qui ne nous apprend rien sur l'époque où il s'est produit.

Est-ce avant saint Adon? alors il y aurait eu une restauration antérieure à ce prélat. Est-ce après lui? car l'invasion sarrasine, quoique frappée au cœur par Charles Martel en 733, ne laissa pas de souiller nos riches contrées longtemps encore après la bataille de Poitiers, *Mahomet n'ayant restitué qu'après 200 ans de possession ce qu'il avait volé à Jésus-Christ*, alors la viduité du monastère n'aurait pas été de longue durée, puisque l'archevêque Barnoin y envoie un nouvel essaim de moines, à la date de quelque vingt ans seulement après la mort de saint Adon. Nous reviendrons du reste sur cette question, quand nous nous occuperons de l'abbaye.

B

Le martyrologiste Du Saussai a rangé saint Theudère parmi les moines de Lérins, se fondant sans doute sur le passage de la légende où il est dit que le Bienheureux partit pour se rendre dans le monastère de saint Honorat; mais la suite du récit ne laisse pas subsister cette assertion, puisque le Saint s'arrête et se fixe à Arles. En outre, s'il eût été moine de Lérins, il lui eût fallu un démissoire de l'abbé pour revenir dans sa province, tandis qu'il ne traite de son retour qu'avec saint Césaire. Enfin son nom se trouverait sur le catalogue des saints sortis de cet établissement, s'il en eût fait partie, tandis qu'il ne s'y trouve pas.

C

Nous ne savons si l'on a conservé à Arles quelque témoignage du séjour qu'y a fait le Bienheureux, ni quel nombre
d'années il y a passées. Nous pouvons du moins supposer que
son séjour y a été assez long, puisqu'il y a fait son noviciat à
la vie religieuse comme à la prêtrise. D'ailleurs il devait être
déjà avancé dans l'adolescence quand il quitta sa famille, dès
lors qu'il possédait certains biens de provenance patrimoniale,
Pecuniam non parvam de censû Patrimonii, et dès lors
aussi qu'il se trouvait en âge de pouvoir en disposer en faveur des pauvres. Comme il est fait mention de sa ferveur à
remplir à Arles ses fonctions sacerdotales, et celles que
l'évêque n'avait pas manqué de confier à son zèle, ce qui
témoigne de sa présence auprès de Césaire pendant un certain
laps de temps encore après son ordination, nous pouvons
penser qu'il avait une trentaine d'années quand il rentra dans
sa famille. C'était approximativement l'époque de l'incorporation de la Bourgogne, son pays, au royaume franc.

CHAPITRE SECOND.

—◦—

LES FONDATIONS MONACALES DU SAINT.

———

I

UNE PAGE DE LA LÉGÈNDE. — RÉFLEXIONS CRITIQUES.

———

La première partie de la vie de saint Theudère, son noviciat, son séjour à Arles, a été pour nous d'un intérêt soutenu. Quelques détails de plus nous eussent fait plaisir, mais nous n'avons du moins aucune critique à élever au sujet de cette page de l'histoire de notre Saint. Il n'en est pas de même de celle qui va suivre, la seconde partie, contenant le récit de ses œuvres. Saint Adon, privé à ce qu'il paraît de rensei-

gnements suffisants relativement aux fondations du
Bienheureux, laisse ici beaucoup à désirer. Ces œuvres de zèle, à la réalisation desquelles le Saint con-
sacre les belles années 'de sa vie et qui, entreprises
dans notre pays et à notre profit, nous eussent offert
un intérêt majeur, ne sont point passées sous silence,
parce qu'elles forment la partie intermédiaire du récit,
et parce qu'elles sont le fleuron dominant de la couronne de l'Homme de Dieu; mais elles sont indiquées
d'une manière si sommaire, qu'il paraîtrait impossible,
aujourd'hui que tout a disparu, non-seulement de se
faire une idée un peu exacte de ce qu'elles étaient,
mais même d'en indiquer les diverses positions.

Nous citerons le passage en son entier, en tâchant de
le traduire exactement; après quoi nous essayerons de
l'expliquer et d'en combler les regrettables lacunes, à
l'aide des découvertes que nous avons faites.

La troisième partie de la vie du Saint, — son séjour
à Vienne — sera pareillement satisfaisante comme l'a
été la première; ce qui nous autorise à supposer que le
pieux historien avait de bons *mémoires* touchant les
parties extrêmes de la vie de saint Theudère, touchant
son séjour dans chacune des deux villes épiscopales
déjà nommées, mais qu'il était mal renseigné sur la
partie moyenne seulement de sa vie, sur les œuvres
dont son zèle avait doté sa province.

Cette partie moyenne, la plus laborieuse et la plus
grande si nous la considérons dans le Saint, se trouve
la plus courte sous la plume de saint Adon. Nous

allons, nous, lui donner l'étendue convenable, tout en
regrettant d'introduire quelques discussions dans la
vie d'une âme si uniquement contemplative.

Entendons le saint prélat :

Le Bienheureux vient de quitter Arles. — « Arrivant *non loin* de la ville de Vienne, il se mit à chercher
avec ardeur un lieu propice pour y élever une cellule
qu'il pût habiter. »

Ici se trouve la description de la ville métropolitaine que saint Adon considère sous un triple aspect :
1º comme place de guerre somptueusement fortifiée ;
2º comme centre célèbre, dans l'antiquité, de superstitions païennes ; « cent autels y ayant été élevés aux
faux dieux ; » 3º comme siége métropolitain des plus
illustres des Gaules.

Nous donnons cette description telle qu'elle est, sans
la traduire : voyez du reste la lettre D. « *Ut igitur
paululum articulum scribentis ad Viennensem urbem
deflectam : Vienna, urbs est Galliarum nobilissima, ad
occidentem et propter aquilonarem partem castris præ-
minentibus munita, ut non facilis sit accessus ad mœnia
civitatis. Castrum primum ad meridiem vergens cappro :
cui vicinum est Eumenius, proxime Quiriacus; cui muro
per vallem protenso jungitur propitiacus et pompeïacus,
centum diis apud cultores dæmonum quondam celebris.
Non longè quintum castrum adnectitur cui nomen vestutas
suspoli dedit. Itaque tota civitas à fluvio usque ad ipsum*

fluvium Rhodanum protenso, per colles usque ad planum, muro cingitur.

» *Metropolis illustrissima et inter Galliarum urbes insignissima.* »

Après avoir rendu ce petit hommage à sa ville épiscopale dont le nom venait de se rencontrer sous sa plume, le saint historien reprend son récit là où il l'avait laissé. « Cherchant donc un lieu de retraite qui lui convînt, l'Homme de Dieu en trouva enfin un à sa convenance non trop loin de la ville (1). Il se mit à y construire un oratoire en l'honneur de Notre-Seigneur Jésus-Christ et sous le vocable de saint Eusèbe, évêque de Verceil et martyr. Mais il arriva que les fondations jetées, le coteau qui s'élève et domine la nouvelle construction, se fendant et laissant voir une profonde fissure, fait courir à l'édifice commencé le risque d'être enseveli sous un éboulement considérable. A la vue du péril, l'Homme de Dieu se met en prières, levant les mains vers Celui qui a dit aux siens : *Si vous aviez la foi comme un grain de sénevé, vous diriez à la montagne :* « va à la mer, et elle s'y jetterait. » Aussitôt, chose merveilleuse ! l'éboulement se produit en effet, mais trompant les lois de la nature, il se dirige dans un sens oblique et laisse les constructions intactes. L'édifice achevé, le Bienheureux place dans l'autel les reliques des Saints.

---

(1) Une version porte : *Non nimis longè ab urbe;* une autre : *Non minùs longè...*

» Puis, l'Homme de Dieu se promenant sur le bord de la Jaïre *(juxta Jaïram fluvium)* roulait dans sa pensée le projet d'y élever un monastère où de saints religieux se voueraient au service du Seigneur. Un sommeil subit s'empare de lui et une voix céleste le prévient que ce lieu-là même où il repose et qui est arrosé par le paisible courant, est l'emplacement même où il doit élever une basilique en l'honneur du martyr saint Symphorien. Le Bienheureux se met à l'œuvre sur-le-champ, et, l'édifice construit, il y place l'ameublement convenable et s'occupe d'y réunir un essaim de moines.

» Or, la réputation de sainteté de l'Homme de Dieu dont l'éclat grandissait de jour en jour, se propageait de loin en loin, car le Seigneur ne souffrait pas qu'une si vive lumière restât cachée sous le boisseau. Un grand nombre de pèlerins accouraient donc auprès de lui; parmi eux il vit un jour son frère Arvus et quelques autres membres de sa famille, amenés par le désir de le revoir. Il les embrassa avec une tendre affection, et les entretenant avec une onction toute paternelle, il s'efforçait d'embraser leurs cœurs du désir des éternelles rémunérations.

» Enflammé d'un nouveau zèle et tout rempli de l'esprit de Dieu, Theudère se rend au *castrum alarona*, et là, pressé du désir de fonder un nouveau monastère, il élève un oratoire en l'honneur de saint Pierre, prince des apôtres. Pour quelque temps, il se fixa en ce lieu, se consumant en de saintes oraisons et en des veilles prolongées.

» Enfin, *postmodum*, le Bienheureux se rend dans le bourg et la villa de ses parents, *in vicum et villam parentum suorum*, connue sous le nom d'Assise, où se trouvait un oratoire construit par sa famille sous le vocable de saint Maurice, martyr. Là il suppliait nuit et jour le Dieu tout-puissant qu'il daignât lui faire connaître un lieu favorable où il pût établir de fervents religieux. Un ange lui apparut donc pendant son sommeil et lui désigna le *Val-Rupien* comme le local convenable à l'exécution de son projet.

» Ce lieu était alors une forêt profonde, remplie de toute sorte de bêtes et de reptiles vénimeux. S'étant réveillé, le Saint se rendit en ce lieu et s'y livra d'abord à la prière. Mais l'ennemi de tout bien, celui qui avait séduit nos premiers pères par l'organe du serpent et les avaient entraînés dans la prévarication, se glissant de nouveau dans le corps des reptiles et leur soufflant sa rage, les excitait en toute manière contre l'Homme de Dieu pour l'effrayer et lui faire abandonner son dessein.

» Mais lui, reconnaissant bientôt à quel ennemi il était en butte, se munit du secours de la prière et vit s'évanouir tous les piéges qui lui étaient tendus. L'autorisation de l'évêque obtenue, il éleva promptement un oratoire en l'honneur de la bienheureuse vierge Marie, et aidé des libéralités de ses parents et de ses proches, il eut bientôt réuni les ressources nécessaires pour doter un petit monastère qu'il soumit à la règle instituée par les saints pères. »

Telle est la traduction littérale de cette page de la légende. On le voit : lacunes, hors-d'œuvre, incohérence, invraisemblance même : toutes ces imperfections s'y trouvent réunies. Trois établissements religieux, non compris celui de Saint-Chef, où des églises sont élevées au grand avantage des populations rurales, éloignées des centres religieux, encore rares alors, établissements où le Saint a dépensé ses forces et sa vie, se trouvent mentionnés sans indication des lieux et à peu près sans détails d'aucun genre. Où se trouve Saint-Eusèbe de Verceil? *non trop loin de Vienne*. — Où se trouve l'oratoire et le monastère de Saint-Pierre? *vers le castrum alarona*. C'est tout. — Une rivière connue nous a révélé à la vérité l'emplacement approximatif de l'oratoire de Saint-Symphorien; mais d'autre part, ne serions-nous pas encore à la recherche du *Val-Rupien*, si nous n'étions de ce pays, et si l'établissement fondé en ce lieu n'y avait laissé des vestiges de sa préexistence? Voilà pour le laconisme.

Le hors-d'œuvre se trouve dans la description de Vienne qui coupe le récit et semble un remplissage. L'incohérence ou le défaut de liaison est patent. Enfin, à prendre la légende à la lettre, n'est-il pas invraisemblable que Theudère, parti de la ville d'Arles pour satisfaire le vif désir qu'il éprouve de revoir et de consoler sa famille, s'arrête en chemin et n'arrive à la villa paternelle qu'après sa troisième fondation?

Evidemment, saint Adon était bien moins renseigné sur cette partie, — la partie moyenne de la vie de saint

Theudère, que sur ses premières et sur ses dernières années, sur son séjour à Arles et sur son séjour à Vienne.

Il ne pouvait se dispenser de faire mention des fondations qui portaient le nom du Saint, en même temps qu'elles témoignaient de son zèle; mais il se croyait dispensé de les indiquer plus clairement, soit qu'elles fussent connues au temps où il écrivait, soit qu'il n'eût lui-même, n'étant devenu titulaire de l'évêché de Vienne qu'à l'âge de soixante ans, qu'une connaissance imparfaite du territoire de sa vaste province et de la position de ces diverses localités. Quelle que soit, du reste, la cause de ces imperfections, il n'est pas douteux que, déroutant le lecteur, elles n'aient contribué, pour une bonne part, à l'oubli presque total, où la vie comme le culte du Saint ont été relégués jusqu'ici *(Voir note E)*.

Reprenons cette page imparfaite, passage par passage, et nous essayerons d'en combler les lacunes, d'en expliquer les difficultés, de suppléer à l'insuffisance des notions topographiques, en indiquant les lieux selon que nos recherches nous les ont fait connaître; et enfin, d'en concilier les passages qui semblent contradictoires.

Certes, à voir cette page qui nous arrive à mille ans de distance comme une sorte d'énigme à déchiffrer, ne dirait-on pas que saint Theudère, bien connu, tendrement aimé et vénéré de ses enfants spirituels dans les premiers temps de la ferveur monacale, ait voulu que

sa figure restât voilée plus tard, et alors que son monastère, par suite de transformations radicales, s'hono-
rait encore, à la vérité, du nom de son Fondateur,
mais s'appliquait moins à faire revivre ses vertus?

On serait vraiment tenté de lui prêter cette intention,
et de supposer saint Adon complice de son pieux stra-
tagème.

II

SAINT THEUDÈRE ET NOTRE-DAME DU VAL-RUPIEN OU DE SAINT-CHEF.

———

Parti d'Arles pour « revoir et consoler sa famille, » saint Théudère a-t-il fondé trois établissements religieux avant d'arriver à Arcisse, et n'est-il venu dans la maison paternelle qu'en dernier lieu et avant la fondation de Saint-Chef? Nous n'hésitons pas à donner une réponse négative. C'est directement qu'il est venu d'Arles à la *villa Assisia*. La preuve que nous en donnons est que la première construction que saint Adon lui attribue, celle de l'oratoire de Saint-Eusèbe de Verceil, a été élevée dans le voisinage d'Arcisse, à Vasselin, qui n'en est distant que d'une bonne heure de marche. Nous établirons dans le chapitre suivant que c'est bien Vasselin qui est la localité indiquée comme n'étant *pas loin de la ville épiscopale, non nimis longè ab urbe.*

Mais avant d'aller à Vasselin, au matin d'Arcisse, nous avons l'idée de nous rendre d'abord avec saint

Theudère, au Val-Rupien, à deux kilomètres au sud-ouest du village qui fut son berceau. Que ce soit d'ailleurs Vasselin ou que ce soit Saint-Chef qui ait été fondé en premier lieu, il résulte toujours de l'une comme de l'autre de ces fondations, que le Saint a vu tout d'abord sa famille, puisque ces deux localités touchent au *domanium* paternel ; nous croyons même qu'elles en faisaient partie. Et ainsi s'évanouit l'apparente contradiction qui dépare la légende adonienne.

Mais nous présumons que l'établissement du Val-Rupien — Saint-Chef — a eu la priorité, quoiqu'il vienne en dernier lieu sous la plume de saint Adon ; et nous allons exposer les motifs sur lesquels repose notre opinion. Mais qu'on ne s'étonne point trop que saint Adon qui n'écrit la vie du Bienheureux que trois siècles pleins après sa déposition, omette l'ordre chronologique des fondations ; il lui était tout d'abord parfaitement permis de l'ignorer. Et s'il mentionne les œuvres du Saint, s'il les énumère, ni il ne raconte, ni il ne décrit. Il ne décrit un peu que celle de Saint-Chef, qui était la principale, celle de laquelle le Saint avait été tiré pour occuper la récluserie de Vienne ; circonstance qui a pu lui faire croire que c'était son dernier établissement, tandis qu'il est le premier selon nous ; et voici les raisons qui nous le font croire : la première se tire de la gradation hiérarchique des vocables. Saint Adon les range ainsi : Saint-Eusèbe de Verceil, Saint-Symphorien de Gère, Saint-Pierre d'Alerone, Sainte-Marie du Val-Rupien ; nous pensons, nous, qu'il faudrait renverser l'ordre, ou tout au moins mettre au premier rang la Bienheureuse Vierge Marie, au second Saint-Pierre, etc. Certes, le Saint n'a pas fait d'un seul trait le plan de ses quatre fondations. Il a commencé par une, sans savoir ce qu'il serait inspiré, ce qu'il aurait le temps ou le moyen de faire ensuite; et alors n'est-il pas naturel qu'il ait mis sa première œuvre, celle de son pays, ou qui y touche de plus près, sous le vocable de la Bienheureuse Vierge Marie ! Il n'y a là, à la vérité, qu'une induction, mais nous allons la fortifier.

A prendre une ligne de la légende à la lettre, c'est sitôt après son arrivée à Arcisse que Theudère serait allé fonder dans le Val-Rupien. A vrai dire, sa première visite à sa famille n'est faite, selon son historien, qu'après sa troisième fondation, mais cette supposition implique une invraisemblance que nous ne pouvons plus admettre, et il restera acquis que le Saint est venu à la villa Assisia dès sa rentrée dans sa province : donc c'est dès sa rentrée aussi, que le monastère de Sainte-Marie, celui qui devait être chef d'ordre, a été construit.

Quelques réflexions que nous groupons ici, à propos de la fondation de ce même monastère, vont nous fournir une preuve plus décisive encore. Tandis que les autres fondations ne sont mentionnées qu'en quelques mots, en une phrase ou deux, celle-ci est décrite avec des détails, avec un certain luxe relatif qui indiquent assez que c'était l'œuvre première et principale du Saint (1). On y voit, après une description accentuée des lieux, le tableau des luttes que le Saint a d'abord à soutenir contre l'ennemi de tout bien. L'Evêque est consulté et il donne son adhésion. La règle à laquelle les religieux sont soumis, celle de Saint-Césaire très-probablement (2), n'est point passée sous silence, quoi-qu'elle ne soit autrement indiquée que comme étant sanctionnée par les Saints-Pères : *Juxta regulam sanc-torum patrum.* C'est au moyen des libéralités de ses parents *parentum,* et de ses proches *propinquorum,* que sont couvertes les dépenses de la fondation. Et si par ces parents, ce sont les père et mère du Bienheureux qui sont désignés, ce que semble indiquer l'emploi d'un dernier terme *propinquorum,* la question serait en quelque sorte résolue : car, quelle probabilité y a-t-il que Theudère eût encore ses père et mère quand il va mettre la main à sa quatrième fondation, après surtout que nous l'avons vu résider quelque temps dans ses divers domiciles religieux. Oui, celui de Saint-Chef doit avoir été le premier, tandis que les autres, relatés et énumérés sans détails d'aucun genre, lui sont pos-térieurs d'origine, comme ils en sont des dépendances qui vivent de sa vie et se recrutent dans son sein. Enfin c'est de la maison monacale du Val-Rupien qu'il s'agit chaque fois qu'il est fait mention du monastère du Bienheureux, sans autre désignation. Il est tiré de là

---

(1) Revoyez le passage ci-devant, à la fin du n° 1, texte d'Adon.
(2) Elle se trouve dans le *Codex regularum.*

pour la récluserie de Vienne, et c'est là qu'il revient après sa mort.

Caché au fond d'un étroit vallon, de difficile accès, l'établissement de Saint-Chef est un monastère proprement dit, une maison-mère, et une vraie Abbaye, tandis que les autres fondations, qui en sont des dépendances, paraissent être ce qu'on a appelé des prieurés, églises monacales et paroissiales en même temps, essaim de moines subordonnés à la maison-mère et subvenant aux besoins religieux des populations rurales. Faire marcher de pair la pratique des prescriptions monastiques et le service, le soin spirituel du prochain, tel paraît avoir été l'idéal du Bienheureux fondateur dans la conception de son œuvre, dans la formation de sa lignée spirituelle. Et ainsi, du profond ravin de Saint-Chef, où arrivent à peine les clartés de soleil, jailliront de proche en proche des rayons de lumière, destinés à dissiper, avec les ténèbres de l'ignorance, les derniers vestiges des superstitions païennes. Et c'est de cette école que sortiront, au ixe siècle, un prince séculier, le comte Hugues de Provence, et au xiiie, un autre prince du même nom, mais celui-ci prince de l'Eglise, le cardinal Hugues de Saint-Chef. Mais notre sujet nous ramènera à cet ordre d'idées et nous fournira l'occasion de fortifier nos preuves ; revenons sur les traces du Bienheureux.

Il est arrivé dans le bourg et la ville (1) de ses pa-

_____

(1) Nous traduisons *villa* par ville, après avoir vu les divers sens de ce terme latin, dans le dictionnaire de la *basse latinité*.

rents, *in vicum et villam parentum suorum*, où se trouvait l'oratoire construit par les siens. C'est tout ce que saint Adon nous dit de l'ancienne Assise, gracieux village encore groupé aujourd'hui autour de sa vieille basilique qui semble avoir traversé les âges pour faire écho au témoignage du prélat historien. La nef de ce vénérable édifice est visiblement de construction récente, mais son chœur aux gros murs en bonne maçonnerie que soutiennent de solides contre-forts, avec sa fenêtre en forme de meurtrière, avec sa voûte à pleins cintres, appuyée sur des pilastres à chapiteaux curieux, son chœur témoigne d'une haute antiquité. Et nous avons là, dans cette petite église romane en croix latine, sinon peut-être une partie au moins de l'oratoire historique, du moins ses matériaux, son emplacement et son vocable de saint Maurice.

Où se trouvait, dans ce village, la maison paternelle de Theudère? Nous en avons longtemps cherché des vestiges qui en auraient fixé au moins la position; mais d'une part ce sol exceptionnellement fécond, a été si souvent et si profondément remué par la pioche de l'agriculteur, et d'autre part, on trouve dans le sous-sol tant de tronçons de fondations anciennes, tant de restes de monuments disparus, qu'il ne nous a pas semblé possible, pendant longtemps de fixer avec quelque probabilité l'emplacement de l'antique manoir. La pensée que cette habitation devait être adjacente à l'Eglise bâtie par la famille, contribuait aussi à nous dévoyer. Et cependant nous avons quelque chose à dire aujourd'hui à ce sujet. C'est à la distance d'une centaine ou deux de mètres de l'édifice religieux que nous croyons retrouver maintenant la position cherchée. Ce serait la maison habitée de nos jours par la famille Guiller, maison située au pied du coteau qui domine le village au midi. Cette modeste habitation de campagne repose en partie sur de gros murs qui, par leur solidité et l'appareil des matériaux, donnent l'idée d'un ouvrage romain.

« Nous habitons la maison de saint Theudère, » disent les honnêtes agriculteurs qui nous ont montré ces imposantes fondations. Ils ajoutent : « voici sa fontaine. » A quelques pas en amont de ce domicile se trouve en effet l'orifice d'un aqueduc remarquable qui y amène de belles eaux. Cet aqueduc, creusé dans la molasse avec un certain luxe, remonte à une source lointaine que des obstructions partielles ne permettent plus de retrouver. La fontaine de saint Theudère — c'est le nom qu'elle porte — donne une eau fraîche, pure et intarissable. Nous avons ainsi un triple témoignage en faveur de cette position pour nous la faire considérer comme étant celle de la maison seigneuriale d'Assise : la fontaine, les fondations et la tradition transmise et conservée dans la famille.

L'ancienneté d'Arcisse que traversait la voie romaine d'Aoste à Vienne, par Vezeronce et Bourgoin, s'accuse du reste de toute manière. On peut à peine ouvrir une tranchée dans ce fertile terrain sans mettre à jour quelques débris d'anciens monuments, des poteries,

des médailles remontant à des époques lointaines. La
conservation et le collectionnement des objets curieux
découverts dans cette riche plaine eût formé un musée
intéressant. Et nous aimerions qu'on s'occupât encore
de réunir ce qui existe de ce genre chez divers habitants, et aussi ce qu'on peut découvrir de jour en jour.
Pour se persuader d'ailleurs que cette localité a dû
être habitée dès les temps primitifs, il suffit d'y arrêter
un moment son regard de quelque hauteur voisine. Un
beau spectacle s'offre à la vue ! Ce site verdoyant, cette
plaine féconde où les riches moissons, les grasses prairies, les vignes et les arbres fruitiers se disputent le
terrain; ce sol baigné par un lac aux eaux profondes et
poissonneuses, arrosé par des courants qui y entretiennent la fraîcheur; ces coteaux qui encadrent le tout,
prodiguant aux habitants, d'un côté, un vin abondant,
connu et recherché, et de l'autre, les fruits les plus variés et les plus savoureux, tout cela donne l'idée d'un
splendide jardin tout aussi productif qu'il est agréable
à la vue.

En franchissant le coteau qui domine Arcisse au sud-
ouest on arrive après une demi-heure de marche au
bourg si populeux et si vivant de Saint-Chef; mais à l'é-
poque où vivait saint Theudère, le Saint-Chef actuel
n'existait pas. L'emplacement qui lui est destiné est
une sorte de ravin encaissé dans des coteaux aux pentes rapides et irrégulières. D'épais fourrés de ronces
et d'épines, retraite de reptites sans nombre et vénimeux, en tapissaient le fond et en rendaient l'accès

aussi difficile que dangereux. C'est le *collum rupianum*, le Val-Rupien de saint Adon (1). On ne trouve là aucun témoignage de la préexistence de ce pays antérieurement au défrichement opéré par Theudère. On y voit pourtant, mais ils peuvent avoir été apportés d'ailleurs, quelques restes de monuments romains, et notamment un cippe, servant de support au bénitier de l'église, lequel a dû être un autel de Mercure comme on en voit quelques-uns, disséminés dans le haut Dauphiné. Il est possible que les païens qui affectionnaient pour la célébration de leurs mystères impurs, les lieux écartés et sauvages, aient souillé ce sombre vallon de leurs obscènes pratiques. Mais Jésus-Christ va le purifier ; car partout où le paganisme avait élevé un autel, le Sauveur des hommes, a dit Chateaubriand, devait députer un Saint. Voici en effet que l'anachorète d'Assise, dirigé par une voix céleste, va se rendre dans cette sombre retraite pour y élever une maison de prière et y établir la psalmodie sacrée. D'un signe de croix il fera taire les sifflements des reptiles excités par le diable pour l'effrayer ; puis, appelant sur la solitude les bénédictions du ciel, en même temps que, la pioche à la main il engage contre la broussaille une guerre impitoyable, il aura la joie de voir réalisée la parole du prophète : *La terre déserte et sans chemin se réjouira ;*

(1) L'orthographe de ce nom ayant varié à l'infini, nous essayons de la fixer en en donnant l'étymologie. Nous pensons que c'est *Rupina, œ,* endroit escarpé, de difficile accès, — falaise.

la solitude sera dans l'allégresse, et elle fleurira comme le lis (Isaïe XXXV, 1).

Fille de l'Eglise d'Arcisse *quæ est caput ipsius abbatiæ* (1), celle de Saint-Chef grandissant peu à peu, et bientôt étendant au loin sa domination, rangera sous sa dépendance celle-là même de laquelle elle tire son origine. Et nous voyons de nos jours l'antique basilique de Saint-Maurice, veuve d'un pasteur à résidence depuis la révolution de 93, réclamer, avec une pieuse insistance de l'administration diocésaine, la cessation de son triste veuvage. Mais nous croyons que ses vœux vont être exaucés.

Tels ont été les commencements de la vaste paroisse de Saint-Chef; telle, l'origine de cette vivante agglomération : un petit monastère dédié par saint Theudère à la glorieuse Vierge Marie, quelques habitations rurales qui viennent se grouper autour pour y recevoir le pain de l'âme et le pain du corps, et qui deviennent plus nombreuses à mesure que le défrichement fait des progrès. C'est aussi humble que cela. Et c'est ainsi qu'en remontant le cours d'une rivière aux eaux fortes et intarissables, on arrive à une source modeste et limpide, cachée sur le flanc d'une montagne ou dans quelque replis silencieux du désert.

L'emplacement où était l'oratoire primitif de saint Theudère est devant la façade ou en partie sous la façade de l'église actuelle. On en retrouve des vestiges.

---

(1) Précepte de l'archevêque Barnoin, 896. Spicilége de d'Achéry.

Un pan de mur émergeait encore du sol lorsqu'on fit faire, il y a une vingtaine d'années, les travaux de consolidation du monument historique qui lui a succédé. Ce reste de mur dut être détruit parce qu'il gênait les réparations à exécuter.

Avant de terminer cette page sur Saint-Chef et sur Arcisse, nous voulons consigner ici un fait qui n'est pas sans intérêt. En démolissant naguère le vieil autel en grosse maçonnerie de l'église de Saint-Maurice d'Arcisse pour lui substituer le riche autel en marbre qui vient d'y être placé, on a découvert un corps entier. étendu dans le tombeau même de l'autel, et sous la pierre sacrée qui servait au saint Sacrifice.

Aux premiers contacts des ouvriers, avides peut-être plus que respectueux, dont les regards venaient d'être frappés de cette découverte inattendue, ce saint corps, nous ne pouvons le qualifier autrement, est tombé en fragments et en poussière.

De qui sont ces dépouilles mortelles si religieusement déposées dans l'Autel sur lequel la divine Victime est immolée?... Nous ne saurions le dire. Mais l'on se demande s'il n'y aurait rien de fondé dans l'assertion des habitants de l'endroit prétendant que saint Theudère, qui, par le fait, est introuvable à Saint-Chef, aurait été transporté à Arcisse à quelque époque de trouble ou de viduité de l'Abbaye. Réduit à poser la question sans pouvoir la résoudre, je profite de l'occasion qui m'est offerte, pour prier les personnes qui posséderaient quelques parcelles de ces reliques (il y en a qui en

ont) de les conserver avec soin. Il peut surgir en effet,
sur l'identité de ce corps, quelque renseignement historique, qui aurait son prix.

On nous reprochera peut-être, à propos de ces pages,
de nous attarder en des détails minutieux; mais qu'on
nous permette de le dire : il faudrait n'être pas chrétien
pour méconnaître le charme qu'on éprouve en parcou-
rant les lieux où les Saints ont vécu. On se sent pour
ainsi dire moins loin de ces êtres sublimes. On dirait qu'ils ont laissé quelque chose d'eux-mêmes aux
lieux qui les ont vus, comme ces fleurs qui communi-
quent leur parfum à tout ce qui les touche. Nous sou-
rient-ils du haut du ciel quand nous visitons avec un
pieux intérêt, les débris de leur habitation terrestre,
ou que nous recherchons les traces de leurs pas sur
cette terre? on serait tenté de le conclure, des douces
émotions que ces choses font ressentir à l'âme.

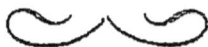

III

SAINT THEUDÈRE ET SAINT EUSÈBE DE VERCEIL.

Vasselin.

Après avoir suivi saint Theudère au Val-Rupien, et avoir vu fonder le monastère auquel nous avons assigné la priorité pour diverses raisons dont nous avons exposé quelques-unes, tandis que les autres viendront plus bas, nous allons encore nous transporter avec lui sur le territoire où il éleva la basilique dédiée à saint Eusèbe de Verceil. A vrai dire, l'ordre hiérarchique des vocables nous inclinerait à donner le second rang à saint Pierre d'*Alarone;* mais ce motif qui ici serait le seul dont on pût s'étayer, est insuffisant pour nous autoriser à nous écarter du classement des fondations, adopté par le saint historien. Il donne la priorité à saint Eusèbe; nous le plaçons, nous, immédiatement après Saint-Chef.

C'est à Vasselin, petit village situé entre Vignieu, Dolomieu et Vezeronce, que nous découvrons l'oratoire de saint Eusèbe de Verceil. Si nous l'avons cherché longtemps à Vienne ou dans ses environs, nous trouvons notre excuse dans les considérations qui suivent : 1° C'est lorsqu'il arrive *non longè ab urbe Viennensium*, non loin de la ville, que le Bienheureux s'occupe, selon son historien, de découvrir une retraite où il puisse se fixer et se livrer à ces saints exercices de la contemplation qui sont la passion de sa vie, et ce n'est que plus tard, nous l'avons assez dit, qu'on le fait venir dans sa famille. 2° La description de Vienne, coupant le récit précisément à l'endroit où il est dit que le Saint est à la recherche de la solitude désirée, ne peut moins faire que de contribuer aussi à attirer vers cette ville l'attention de l'investigateur. 3° Aujourd'hui encore, nos calendriers ecclésiastiques, annonçant chaque année, au 29 octobre, la fête de saint Theudère, attribuent au Bienheureux la fondation de trois monastères, et, se conformant à l'opinion accréditée, mais dévoyée selon nous, ils en placent « deux à Vienne et un troisième à Saint-Chef. » Nous étions donc excusable de chercher dans le voisinage de la ville métropolitaine, l'oratoire de saint Eusèbe de Verceil d'abord, et celui de saint Pierre d'Alarone ensuite.

Mais l'idée nous est venue d'interpréter ce passage de saint Adon avec un peu de liberté et de le disculper d'une apparente invraisemblance, en montrant

que saint Theudère, parti d'Arles pour venir consoler
sa famille, n'avait pas dû s'arrêter en route pendant
des années; et alors cherchant autour de la villa paternelle du Bienheureux, une localité qui eût, ou qui
eût eu saint Eusèbe de Verceil pour patron, nous
avons naturellement pensé à Vasselin.

Examinons le passage de la légende et rapprochons-
en la disposition des lieux :

« Ayant donc trouvé une retraite propice, il se mit
à y élever un oratoire en l'honneur de Notre-Seigneur
Jésus-Christ et sous le patronage de saint Eusèbe de
Verceil, évêque et martyr. Mais quand les fondations
furent jetées, il arriva que le coteau, qui s'élève presque à pic sur le local choisi, se fendant peu à peu et
l'ouverture s'agrandissant par degrés, fit courir à la
nouvelle construction le péril d'une ruine imminente.
Aussitôt l'homme de Dieu invoque avec ferveur Celui
qui a dit aux siens : *Si vous aviez de la foi comme un
grain de sénevé, vous diriez à la montagne : « va d'ici et
jette-toi à la mer, » et elle obéirait.* Pendant qu'il prie,
le bloc de terre, détaché de la montagne, croule en
effet; mais trompant les lois de la nature, il se préci-
pite, chose merveilleuse! dans une direction tout autre que celle où l'entraînait son propre poids, et l'édifice reste intact. »

L'ancienne église de Vasselin, détruite il y a une
vingtaine d'années seulement, pour faire place à un
nouveau cimetière, était située sur le versant du coteau élevé qui domine le village. Que des éboulements

de terrain aient eu lieu à proximité de cette élégante église romane, qu'il nous a été donné de visiter avant sa démolition, c'est une chose très-facile à constater.

Saint Eusèbe de Verceil était patron de l'ancienne église, comme il l'est de l'édifice qui lui a succédé, et la paroisse de Vasselin était la seule de l'ancien diocèse de Vienne qui eût ce vocable (1). Enfin, ce pays est positivement désigné dans le langage vulgaire, sous le nom de son patron : c'est *Usèbe de Varseillin*; la terminaison *in* est commune à plusieurs localités environnantes. De *Varseillin*, patois ancien et moderne, on a fait Vasselin.

Nous disions, la première fois que nous publiâmes ces lignes dans la *Semaine religieuse* de Grenoble, que ces inductions ne convaincraient peut-être pas tout le monde; mais que, dans notre pensée, d'autres indices ne manqueraient pas, maintenant que le lieu était désigné, de leur donner une consécration définitive. Nous avons su depuis, que notre découverte avait été accueillie avec faveur et qu'elle paraissait d'autant mieux fondée, qu'il n'était pas possible de lui opposer, dans le diocèse de Vienne, un *alibi* quelconque, le moins du monde acceptable. L'allégement qui en revient

(1) Nos renseignements, à cet égard, ne sont que de la fin du dernier siècle, et l'on pourrait nous signaler des églises de *saint Eusèbe* plus anciennes et disparues; mais il resterait encore à les trouver au pied d'une montagne et dans les autres conditions énoncées.

à notre légende, purgée par là de tout reproche de
contradiction, est une preuve de plus. Mais comment,
nous dit-on, la tradition est-elle absolument muette
sur ce fait? — Qui ne sait combien les traditions sont
promptes à disparaître! Interrogez-les sur les origines,
sur l'histoire d'une infinité de villes ou de villages bien
plus importants que Vasselin, et écoutez ce qu'elles
vous diront. Quelques traditions ont affronté çà et là,
plus ou moins mutilées, la révolution des siècles; mais
combien (nous ne parlons pas, certes, de celles de
l'Eglise, conservées comme l'Ecriture sainte, providen-
tiellement), mais combien ont disparu dans le naufrage
commun!

Mais enfin saint Adon n'aurait-il pas dû préciser
davantage la localité dont il s'agit? Nous répondons
qu'un écrivain peut avoir des raisons de négliger un
détail topographique, et qu'il n'est pas tenu, parce
qu'un renseignement particulier lui fait défaut, de
priver la société chrétienne d'une histoire édifiante.

Il n'est pas dit que saint Theudère ait installé des
moines dans son établissement de Vasselin; il semble
même qu'il n'ait songé qu'à se procurer à lui-même
un lieu de retraite; mais comme il en installa dans ses
autres fondations, nous pensons qu'il fit de même ici.

D'ailleurs, on lui attribue (voir les *Analecta Benedictina*) la création de quatre monastères; il faut
bien, par conséquent, que Vasselin compte pour
un. Il serait, en outre, difficile de supposer que ce
n'est que pour son usage particulier que le Saint

construit, à côté de sa maison de retraite, une église
en l'honneur de Notre-Seigneur Jésus-Christ et sous le
vocable de saint Eusèbe, et cela dans un pays fertile
qui ne pouvait être privé d'habitants, et à une époque
où les centres religieux étaient encore rares. Disons
plutôt que sa présence donna lieu, là comme ailleurs,
à un concours de pèlerins; que l'homme de Dieu y
exerça son apostolat, et que tel est décidément l'origine de la paroisse encore existante de Vasselin *(Voir
note* F).

Un fait historique, qui contribue aussi à nous faire
attribuer à Vasselin la priorité comme centre religieux,
relativement aux localités environnantes, c'est que la
paroisse de Saint-Sorlin, bien plus importante aujour-
d'hui que sa voisine, n'en était qu'une annexe dans le
moyen âge (1).

Donnons place ici à un autre fait qui n'est venu que
depuis peu de temps à notre connaissance : le bois, ou
une partie du bois, qui revêt le coteau élevé sur le
flanc duquel saint Theudère avait bâti son oratoire,
porte le nom de bois d'*Assise*, mas d'*Assise*. N'y a-t-il
pas là une forte induction dans le sens de notre thèse?
et ne sommes-nous pas légitimement incliné à croire
que la terre de Vasselin faisait partie du *domanium* de
l'ancienne maison paternelle du Bienheureux? Enfin,
les *Analecta Benedictina* attribuent au Bienheureux la

(1) Voir les almanachs du Viennois. Ces ouvrages, que nous
citons quelquefois, n'ont pas toujours une autorité très-grande ;
ils sont néanmoins les organes de la tradition.

fondation de quatre monastères, dont un à Arcisse (Assise): c'est Vasselin.

Quittant ici la plume pour revenir au bréviaire, et passant d'un saint à un autre saint, il nous arrive de tomber sur l'Evangile (à matines), dont un passage a été cité dans ce chapitre : *Si vous aviez de la foi comme un grain de sénevé, vous diriez à la montagne*, etc. (17 novembre, fête de saint Grégoire Thaumaturge); et, par surcroît d'heureuse chance, c'est une de ces homélies pleines de charme, comme les écrit le vénérable Bède, qui s'offre à notre attention. Comment nous abstiendrions-nous d'en citer quelque chose? « Les païens, dit-il, ont reproché aux chrétiens, dans leurs écrits, de manquer de confiance en Dieu, parce qu'ils n'ont jamais réussi à jeter les montagnes dans la mer. Répondons-leur tout d'abord que tout n'est pas rapporté dans les annales ecclésiastiques, de même que l'on ne trouve pas dans l'Evangile tous les faits évangéliques. Et que si quelque besoin l'eût demandé, l'on eût vu des saints jeter la montagne dans la mer. N'est-ce pas ce que fit notamment saint Grégoire, évêque de Néocésarée? Ce prélat, d'une vertu éminente, n'obtint-il pas qu'une montagne reculât pour céder aux agriculteurs du pays l'espace de terrain qui leur était nécessaire?

Et comme il voulait un jour construire une église, et que l'emplacement qu'il lui destinait, resserré entre la montagne d'une part et le rivage de la mer de l'autre, lui paraissait insuffisant, il vint la nuit prier en ce lieu et rappeler au Tout-Puissant la promesse qu'il avait faite à ses disciples. Quel fut le résultat de sa prière? Dès l'aube du jour, il put voir que le Ciel l'avait exaucé, et que la montagne obéissante avait rétrogradé, pour laisser libre aux constructeurs de l'édifice tout le terrain qu'ils désiraient.

Il pouvait donc, celui-ci; il pourrait donc, tout autre saint, si la nécessité le réclamait, se faire obéir des montagnes et les précipiter dans la mer.

Au reste, ajoute-t-il, c'est le démon, cette montagne d'orgueil, qui est ici figuré, et dès lors, combien souvent, en le chassant des âmes, les saints ne l'ont-ils pas précipité dans les abîmes (*Comment. sur saint Marc*, ch. ii)?

Ces choses dites, nous voudrions que ce petit livre, arrivant jusqu'à Vasselin, inspirât aux habitants de cette religieuse paroisse, l'heureuse idée d'associer dans leur dévotion le culte de saint Theudère à celui de saint Eusèbe, leur primitif patron.

IV

SAINT THEUDÈRE ET SAINT SYMPHORIEN DE GÈRE.

En suivant ici encore l'ordre dans lequel saint Adon
a classé les fondations de saint Theudère, nous arrivons, après saint Eusèbe de Vasselin, à saint Symphorien de Gère. Tâchons d'en fixer encore la position.
A vrai dire, l'écrit du vénérable historien qui place
cet établissement religieux sur le bord d'une rivière
connue qui, prenant sa source sur les hauteurs de
Bonnevaux, va se jeter dans le Rhône, au sein de la
cité viennoise, nous est ici de quelque secours. Citons
le passage : « L'homme de Dieu, se promenant sur les
bords de la Jaïra (on écrit Gère aujourd'hui), méditait
dans le secret de son cœur la pensée d'élever un monastère où il pût réunir de saints religieux, et il en
cherchait l'emplacement. Un sommeil s'empare de lui,
et il lui est révélé que ce lieu là même où il repose, et
qu'arrose le paisible courant, est le lieu convenable
pour l'édifice qu'il veut élever. Aussitôt il se met à
l'œuvre. Une basilique est bientôt construite sous le

vocable du glorieux martyr saint Symphorien, et, quand il en a achevé la décoration, il y installe un essaim de pieux serviteurs de Dieu. »

Nous avons donc une donnée topographique précieuse, le cours de la Gère, mais elle ne suffit pas. Sur quel point de la rivière se trouvait cet établissement, et qu'est-il devenu?

Transportons-nous sur les lieux. En partant de Saint-Jean-de-Bournay, dans la direction de la Côte-Saint-André, nous voyons s'ouvrir devant nous le gracieux vallon de Bonnevaux courant, au milieu de coteaux boisés, jusqu'à Semons et jusqu'à la plaine de Commelle et d'Arzay. Engageons-nous dans cette route solitaire. Ces parages, bien connus, jouissant même, grâce aux souvenirs historiques qui s'y rattachent, d'une certaine célébrité, font partie de l'ancienne terre de Marc, dont Villeneuve-de-Marc, Beauvoir-de-Marc et Saint-Didier-de-Marc, aujourd'hui de Bizonne, conservent le nom comme le souvenir (1).

Ce pays est connu sous d'autres dénominations : c'est Bonnevaux, *Bona-Vallis*, et l'abondance comme la limpidité des eaux qui l'arrosent, ses paccages étendus, ses taillis vigoureux qui semblent reculer à regret devant l'envahissement de l'agriculture, justifient, non moins que l'éloignement du bruit des cités

_____

(1) Marc, *Macro*, serait, dit-on, une corruption de *Mercurio*, divinité païenne que saint Theudère aurait décidément délogée de plus d'un endroit.

et le charme de la solitude, l'appellation proposée par l'archevêque Guy, et adoptée par la colonie cistercienne.

C'est encore le *Lieu-Dieu*, nom officiel de la commune et qui a aussi sa signification; nous touchons en effet aux ruines de plusieurs monastères : celui de Saint-Theudère, celui de Bonnevaux, un troisième de Cisterciennes au Val-de-Bressieu et un autre sur les bords de la Varèze, qui sépare le territoire de Saint-Julien-de-l'Herme de celui de Villeneuve-de-Marc. C'est bien le lieu béni de Dieu ! D'ailleurs, qui sait si saint Theudère, en s'éveillant du sommeil extatique pendant lequel les secrets desseins du ciel lui ont été révélés, ne s'est pas écrié comme autrefois le patriarche Jacob : *C'est là véritablement la porte du ciel et le lieu de Dieu* (Gen. XVIII, 17) !

Nous arrivons à la rivière dont les bords solitaires et silencieux, captivant l'âme de Theudère, lui inspirèrent de tendres élans vers le ciel, et furent témoins de son ravissement. Descendant du coteau *est* et coupant la route, cette rivière fait tourner à notre droite de vieux moulins qui sont les seuls débris survivants du monastère cistercien. Ce monastère, dont les derniers matériaux ont servi à la construction de l'église actuelle de Villeneuve-de-Marc, était en effet à quelques pas de là. Voilà pour les lieux. Nous sommes sur le territoire de *Marc*, de *Bonnevaux*, du *Lieu-Dieu*; c'est-à-dire, et cela va résulter de ce qu'il nous reste à exposer, que nous sommes sur le territoire évangélisé par saint Theudère, et dans le voisinage du point central où fut établie sa fondation. Rappelons quelques renseignements fournis par l'histoire locale.

« Cette fondation (celle de saint Theudère), dit Chorier, formait avant sa ruine une des paroisses de Vienne qui s'étendait jusqu'au delà du Trossin. » — Le Trossin n'est-il point la Varèze ? — Chorier ajoute : « Les masures de cet établissement ne paraissent presque plus. »

Voilà donc la paroisse de Saint-Symphorien-de-Gère indiquée, et son origine attribuée à saint Theudère. Or, c'est sur cette paroisse que le monastère cistercien est fondé vers l'an 1117 (voir la Charte de fondation, — voir l'Almanach général et politique du Viennois, 1788).

A la fondation de ce monastère, l'abbé de Saint-Chef, Guillaume de nom, lui fait don du mas de *Ribat*, qui était contigu au nouvel établissement et faisait partie de la paroisse fondée par Théudère (voir Chorier, *Hist. du Dauphiné*).

Enfin, le prieuré du Lieu-Dieu, — le Saint-Symphorien de Theudère, — est porté au moyen âge, comme relevant de l'abbaye de Saint-Chef. C'en est assez pour constater la fondation faite par saint Theudère sur la Gère, et sa préexistence comme paroisse de Vienne ; assez aussi pour nous convaincre que nous sommes sur son territoire. De cet endroit, — le point où la Gère coupe la route, nous voyons les ruines d'un ancien château construit par les Dauphins sur les

limites de leurs possessions et de celles des ducs de
Savoie; puis, à quelques pas de là, une élégante église
neuve qui attend un curé pour faire revivre le culte
religieux, dont le pays est privé depuis la chute de
son dernier monastère. Cette église n'omettra pas d'in-
voquer saint Theudère comme l'un de ses patrons.

Il nous reste toujours à nous demander ce qu'est
devenue l'église dédiée à saint Symphorien, et quel
point de la contrée lui servait d'emplacement. Notre
réponse va être assez précise : C'est la paroisse de
Villeneuve-de-Marc, qui portait avant la révolution de
89, le titre d'église de Symphorien. L'église actuelle,
qui ne remonte qu'à quelque trente ans, a saint Laurent pour patron, mais c'est bien le martyr d'Autun
qui y était invoqué dans les siècles écoulés (1). Et, cependant, comme elle a un autre patron, cette église
a aussi un autre emplacement que celui qu'avait choisi
Theudère. Et c'est par trois fois que cet édifice religieux a été et rebâti et transporté ailleurs. Ecoutons
M. le Curé de Villeneuve-de-Marc qui veut bien répondre à quelques questions que nous lui avons adressées : « A deux kilomètres au nord-ouest de Bonnevaux, le long de la Gère, est un coteau appelé Saint-
Symphorien. Là, était jadis un village. Et lorsqu'on
traçait la route qui va à Vienne, on découvrit des
indices de la préexistence d'un cimetière et aussi d'un
édifice religieux. Je suis porté à croire que c'est là

(1) Voir les anciens Pouillés et Almanachs du diocèse de Vienne.

que saint Theudère avait placé sa fondation. Plus tard,
pour des motifs que j'ignore, ce village fut distancé de
Bonnevaux et rebâti avec sa chapelle de Saint-Symphorien, dessous une sorte de *maison-forte*, appartenant au seigneur Eymard de Marc; ce fut le village
neuf — Villeneuve. — Cette église devenant trop
petite, fut remplacée à son tour par une autre qui fut
construite sur un petit coteau dominant au midi celle
à laquelle elle succédait. Je crois qu'on la dédia à
saint Laurent, qui est aujourd'hui notre patron. Enfin,
l'église que nous possédons aujourd'hui, devenue nécessaire à une population plus considérable, a été
élevée, il y a quarante ans, sur les ruines de celle dont
nous venons de parler. — Le mas de *Ribat* n'est plus
connu. C'est sur celui de Rivoire que Bonnevaux fut
construit. — Vous n'assignez le patronage de saint
Laurent qu'à la dernière église construite; ce patronage ne date-t-il pas de plus loin? » — Je remercie
beaucoup mon honorable confrère de Villeneuve.
Rivoire ou rivière, Ribat de *Ripa*, rivage, n'est-ce
pas peut-être tout une même localité sous des noms
un peu divers? Il n'est pas dit que l'abbé Guillaume
de Saint-Chef, qui voulut faire un don de bienvenue
à la colonie cistercienne, lui ait concédé précisément
l'emplacement du monastère de Bonnevaux; le Ribat
pouvait être dans le voisinage. Plusieurs seigneurs
terriers firent des libéralités semblables en faveur de
la nouvelle colonie. Il n'en fut pas de même de l'abbé
de Saint-Pierre-de-Vienne et du prieur de Saint-Julien-

de-l'Herme, qui firent opposition à la pieuse fondation. Et s'ils se désistèrent, grâce à la médiation de
l'archevêque Guy, qui devint pape sous le nom de
Calixte II, ce ne fut qu'à la condition que Bonnevaux
payerait à l'abbaye de Saint-Pierre une redevance annuelle de la valeur des dîmes que cette abbaye retirait
auparavant du Lieu-Dieu (voir la Charte de fondation
de Bonnevaux, — l'*Hist. de l'Eglise de Vienne*, de Collombet, etc.).

Quant au patronage de saint Symphorien et à celui
de saint Laurent, ils ont pu exister simultanément
dès avant la révolution de 89; mais c'est le premier
qui figure, jusqu'à cette époque, sur les almanachs du
Viennois; saint Laurent a pu devenir titulaire définitif
au rétablissement du culte.

Il y aurait du charme pour nous à revoir quelques
ruines de l'oratoire primitif de saint Theudère, à l'endroit qui nous est indiqué par M. le Curé de Villeneuve; mais Chorier nous ayant dit que les masures
de cet établissement ne paraissaient presque plus de
son temps (et il écrivait vers le milieu du XVIIe siècle),
et notre honorable confrère nous apprenant que ce n'est
qu'en défonçant le terrain pour le tracé d'une route,
qu'on a pu mettre quelques débris de matériaux à jour,
il devient superflu d'aller en rechercher des restes (1).

(1) Nous apprenons que M. le Notaire de Châtonnay a fait des
recherches sur la contrée dont nous nous occupons; si ces recherches sont un jour publiées, nous espérons qu'elles confirme-
ront nos aperçus.

Qu'est-ce qui avait conduit saint Theudère dans un
pays si peu rapproché de ses autres fondations? Y avait-
il été appelé par le seigneur de Marc, comme Etienne
de Citeaux le fut plus tard par l'archevêque Guy? Est-
ce le charme d'une profonde solitude qui l'avait séduit?
Ou bien encore, avait-il vu qu'il y avait là des populations privées de secours religieux qui semblaient
faire appel à son zèle? Nous ne saurions dire laquelle
de ces considérations l'aurait frappé, ni si toutes ensemble n'ont pas contribué à lui inspirer ce dessein.

Ce qui est plus sûr, c'est que le Bienheureux résida
un certain temps dans son monastère de Saint-Symphorien-de-Gère ou du Lieu-Dieu, formant ses disciples à la vie religieuse et édifiant la contrée par ses
prières, ses austérités et ses pieuses exhortations;
car « le Seigneur ne souffrait pas, dit saint Adon, que
la lumière restât sous le boisseau, et de toute part, il
lui arrivait de nombreux pèlerins avides de le voir et
de l'entendre. Parmi ces pèlerins, il lui fut donné de
voir un jour son frère Arvus et quelques autres membres de sa famille; il les accueillit avec une joie pleine
de tendresse, et, les entretenant en des paroles onc-
tueuses, il excitait dans leur cœur le zèle pour la divine charité et le désir de la gloire inénarrable des
élus (1). »

_____

(1) Deux paroisses voisines des parages dont nous venons de
parler, semblent témoigner aussi de la célébrité dont le Saint a
joui dans ces lieux; c'est : 1° *Bossieu* qui a saint Thiers pour pa-

V

SAINT THEUDÈRE ET SAINT-PIERRE-D'ALARONE.

Où se trouve le *Castrum Alarona*, le château-fort d'Alarone de saint Adon ?

Nous en sommes là, et lorsque nous aurons trouvé l'établissement de Saint-Pierre, du château-fort d'Ala-rone, ou du mont Alaron, comme dit Collombet dans son *Histoire de l'Eglise de Vienne*, nous aurons toutes les fondations religieuses du Bienheureux abbé, desquelles une seule, celle de Saint-Chef, était à peu près connue.

Ecoutons le saint historien : il vient de rapporter l'édification du monastère de Saint-Symphorien-de-Gère, et il ajoute sans transition : « Enflammé d'un

tron. Thiers est le nom que Theudère portait dans la langue du moyen âge; 2° *Thodure*; ce nom n'est, d'après un reste de tra-dition locale, qu'une dérivation de celui du Bienheureux. Nous tenons ce dernier renseignement de M. Bouchard, archiprêtre et chanoine à Crémieu, dont Thodure est le pays natal.

zèle de plus en plus grand, l'homme de Dieu se rend auprès du château d'Alarone, et là, il élève une église en l'honneur de saint Pierre, prince des Apôtres, pour y établir un nouvel essaim de moines, tout entiers consacrés au service de Dieu. Lui-même s'y fixe quelque temps, faisant ses délices de l'oraison et des saintes veilles. » C'est tout ce que nous apprend la légende.

Oserons-nous dire que nous avons demandé vainement le *Castrum Alarona* à tous les *saints Pierre* de l'ancien diocèse de Vienne, et que c'est saint Eusèbe de Vasselin qui nous a dessillé les yeux, et fait voir dans le voisinage d'Arcisse encore, ce que nous étions vraiment bien autorisé à chercher dans le lointain? Indiquons-le tout d'abord, et ensuite nous donnerons nos preuves.

Son monastère de Saint-Chef achevé, le Saint jette les yeux, de cette résidence où nous le trouvons le plus ordinairement, sur les contrées environnantes; et les localités où il y a quelque bien à faire, où le service religieux fait défaut, fixent avant tout son attention. La *Villa Assisia*, au nord-est, a son église de Saint-Maurice due à la piété de ses ancêtres; un peu plus loin, et au matin, il a construit lui-même l'église de Saint-Eusèbe-de-Verceil, Vasselin; mais au côté opposé, au midi, se trouve un petit village non encore doté d'un établissement religieux, il va y pourvoir.

Quand on a remonté l'étroit vallon de Saint-Chef, dans la direction de Montcarra, on atteint à une sorte de plateau, au milieu duquel s'élève un vieux castel, servant de maison fermière pour l'exploitation d'une propriété appartenant au marquis de Murinais (1), c'est le Castrum Alarona de saint Adon. Isolé aujourd'hui, il était au VIᵉ siècle entouré d'un petit village.

Ce château, qu'il ne faut pas confondre avec l'ancien château-fort de Saint-Chef qui dominait et protégeait l'abbaye au matin, porte aujourd'hui différents noms : c'est le château du Marché (vulgairement Marchy), à cause d'un ancien marché transformé en foire, qui s'abritait sous ses tours. C'est encore le château de Madeleine, parce que la foire dont nous venons de parler se tient le 22 juillet, le jour de la fête de l'illustre pénitente de l'Évangile. Une chapelle dédiée à sainte Madeleine se voyait d'ailleurs à quelques pas en amont de cette position. Une croix de bois en marque l'emplacement et en conserve le vocable.

C'est auprès de ce castel, et au milieu du village qui y était adossé, que saint Theudère fonda son oratoire et son couvent de Saint-Pierre, prince des Apôtres.

Après deux cents ans ou plus d'existence, cet établissement fut saccagé et détruit par les Sarrasins, qui en voulaient surtout aux édifices religieux.

Mais, quand le *vent de l'islamisme eut cessé de souffler sur les chrétiens,* ce village détruit et son prieuré anéanti, furent relevés, mais à une petite distance de là. C'est en un lieu appelé la *Chapelle-de-Saint-Chef,* que

_____

(1) Elle vient d'être vendue à un notaire de Lyon, M. Berloty.

le tout , église et village , fut rétabli. Ce lieu est le coteau qui dominait l'abbaye au sud-ouest, et cette nouvelle église devint et est restée paroissiale, attendu que
l'abbaye n'était qu'abbaye. Et si ce coteau a été appelé
la *Chapelle,* c'est parce qu'il s'y trouvait une chapelle dédiée à saint Etienne, — Saint-Etienne-de-Fontenaz, —
dépendant du prieuré de Saint-Pierre-du-Marchy, lequel
dépendait de l'abbaye. Dans l'énumération faite par
l'archevêque Barnoin, au IXe siècle, des églises relevant du monastère de Saint-Theudère au Val-Rupien,
il est dit : *Ecclesia sancti Petri in viâ Mercatoris* (le Marchy), *cum capellâ Sancti-Stephani sibi adjunctâ in villâ
Fontenaz.* Voilà bien l'origine de l'église de Saint-Pierre
de la Chapelle-de-Saint-Chef, avec son titre paroissial
conservé jusqu'à la révolution de 89. Mais cette église,
qui avait succédé à l'oratoire d'Alarone ou du Marchy,
a été absorbée à son tour par l'église abbatiale, devenue paroissiale dès l'année 1774, date du départ
pour Vienne de son illustre Chapitre.

L'église de la Chapelle, dont un M. Parent, de
Saint-Chef même, était curé avant la Révolution,
est détruite aujourd'hui, et son emplacement, comme
celui de son cimetière, est devenu la propriété de M.
Legroz, qui s'abstient par respect pour sa destination
primitive de le livrer à l'exploitation.

Et tels sont les illustres patrons de Saint-Chef :

1° La Bienheureuse Vierge Marie, choisie par saint
Theudère pour patronne de son monastère du Val-
Rupien ;

2° Saint Pierre, donné pour patron au *Castrum* d'A-laron, et qui devint, par le transport de son église à la Chapelle, le patron paroissial de tout le pays;

3° Saint Theudère, le fondateur de ces divers sanctuaires, qui bientôt fut invoqué conjointement avec la Bienheureuse Mère de Dieu : *Abbatia B. Mariæ et sancti Theuderii;*

4° Saint Maurice d'Arcisse;

5° Sainte Marie-Madeleine;

6° Saint Clément, pape et martyr, dont l'église de Saint-Chef possède des reliques insignes, privées aujourd'hui de leur instrument d'authenticité *(Voir note* G).

Riche de ces grands souvenirs, héritière de ces dépouilles opimes, l'église de Saint-Chef ne saurait perdre de vue son importance, ni oublier, *sous cette nuée de témoins*, que sainteté oblige.

VI

SAINT THEUDÈRE ET SAINT-PIERRE-D'ALARONE.

(Suite.)

Il nous reste à résoudre quelques questions soulevées par la page qui précède. Comment sommes-nous redevable de la découverte de Saint-Pierre-d'Alarone à Saint-Eusèbe-de-Verceil? — N'aurions-nous pas dû, étant du pays, faire cette découverte, ou, du moins, savoir tout cela plus tôt? — Sur quoi se fonde notre assertion touchant cette localité?

1º Nous cherchions loin du pays de Theudère, et nous avons assez dit pourquoi, quelque *Castrum Alarona* qui eût eu saint Pierre pour patron; mais, lorsque nous eûmes compris qu'il fallait interpréter la légende avec une certaine liberté, et lorsque surtout nous eûmes découvert Saint-Eusèbe-de-Verceil dans le voisinage d'Arcisse, le charme qui nous dévoyait étant rompu, nous cherchâmes dans la contrée ce que nous pensions d'abord devoir être loin, et bientôt nos yeux se fixèrent sur l'antique manoir du Marchy.

2° Mais nous aurions dû savoir cela plus tôt?....
L'on s'étonne toujours après coup de n'avoir pas plus
tôt vu, pas plus tôt trouvé; et rien ne paraît plus facile
à découvrir comme ce qui est un beau jour découvert.

Il ne reste absolument rien, pas une pierre, soit du
village, soit de l'oratoire d'Alarone. De plus, nous
n'avions pour nous renseigner que le nom même d'A-
larone qui est absolument perdu dans le pays, et s'il
est perdu dans le pays qui l'a porté, combien plus
l'est-il ailleurs? Enfin, cette découverte faite, nous lui
avons vainement cherché un écho dans le souvenir des
habitants; chacun en accueillait l'annonce comme une
révélation : un vieillard excepté (1). Nous allons le faire
parler, et nous introduirons ainsi la réponse à la troisième question que nous nous sommes posée. Nous
connaissions à cet homme, tout illettré qu'il était, une
remarquable mémoire; et, supposé qu'il fût le dernier
dépositaire de la tradition sur ce point, nous croirions
presque, car il est mort peu de temps après l'entretien
que nous eûmes avec lui, qu'il avait à nous la transmettre avant de mourir.

— Le château de Madeleine, le Marchy, comment
s'appelait-il avant la foire qui lui a donné ce nom?

— Je ne sais pas.

— Il s'appelait Alaron, Alarone, vous devriez connaître ce nom?

---

(1) Joly, dit Blanc, maréchal ferrant.

— Alarone? Je ne me rappelle pas l'avoir jamais entendu prononcer.

— N'y avait-il pas une église au Marchy, dans les vieux temps?

— Précisément, l'église de Saint-Pierre.

— C'est saint Theudère qui l'avait construite?

— C'est possible, mais je ne le savais pas.

— A quoi servait cette église, il y avait donc là un village?

— Oui, Monsieur, Saint-Chef n'était qu'une forêt impraticable qui s'appelait la *Vallée-Rapine*. Le village était là-haut. C'était des maisons basses, de misérables habitations, avec une petite fenêtre qu'on aurait bouchée avec un chapeau. Il n'était pas permis au menu peuple de se loger plus sortablement.

— L'église, où était-elle située?

— Derrière la grange de la ferme.

— Il n'y reste pas une pierre, on n'y retrouve rien.

— Tout a été arraché pour servir à d'autres constructions.

— Cette église de Saint-Pierre, ce village, qu'est-ce que tout cela est devenu?

— Ce sont les Sarrasins qui ont tout détruit, tout tué, tout brûlé.

— Alors, c'est au hameau de la Chapelle, que l'église, que les habitations furent relevées plus tard?

— Immanquablement, puisque ces deux lieux n'en font qu'un, et que l'église de la Chapelle était dédiée à saint Pierre. La Chapelle était la paroisse, tandis que

Saint-Chef n'était que le couvent. Et quand le Chapitre
fut parti, on mit un curé à Saint-Chef, et en même temps,
il y en avait un à la Chapelle et un autre à Arcisse.

— Ces curés étaient bien rapprochés?

— Celui de Saint-Chef n'était là que depuis le départ
du Chapitre.

— Et d'où vient ce nom de Chapelle, la Chapelle?
N'y avait-il pas là une chapelle de Saint-Etienne-de-
Fontenaz, dépendant de l'église de Saint-Pierre-du-
Marchy? L'endroit s'appelait-il Fontenaz avant de
s'appeler la Chapelle?

— Attendez... peut-être dans la vie (la voie) de la
chaîne. Il me semble qu'il y avait par là des restes de
fondations d'une chapelle. Comme au côté opposé, au
Muret (1), il y avait la chapelle de Saint-Laurent, où se
faisait la fête du renage. Quant à Fontenaz... je ne
sais pas.

— Voilà beaucoup de chapelles, car il y avait aussi
celle de Madeleine, au-dessus du Marchy. Y avait-il
plus de religion alors qu'aujourd'hui?

— Je ne sais pas... le peuple était plus soumis...

Voilà un écho précieux de la tradition; nous n'en
avons pas trouvé d'autre, tant les traditions sont
promptes à disparaître !

Mais le lecteur demande quelques preuves de plus;
donnons-les: 1° Un Précepte de l'évêque de Vienne
(Barnoin), fait en faveur du monastère de Saint-Theu-

(1) Domicile de M. Parent, maire de Saint-Chef.

dère que ce prélat veut relever de ses ruines vers 894,
énumère et restitue à cet établissement quelques églises
qui lui ont appartenu, et parmi elles, l'église de Saint-
Pierre de la *Voie-du-Marchand, in viâ Mercatoris* (le
Marchy), avec une chapelle de Saint-Etienne-de-Fontenaz qui en dépend (1).

2° Chorier, parlant de l'élection de saint Theudère
pour la récluserie de Vienne, dit : « Il avait déjà rem-
» pli le monde du bruit de sa sainteté, et établi un
» monastère célèbre en un lieu qui avait alors le nom
» d'*Alarone*, et qui porte maintenant celui de Saint-
» Chef. Ce n'était alors qu'une épaisse forêt dont ce
» monastère occupait le fond ; mais aujourd'hui, il est
» accompagné d'un bourg qui le cède à peu d'autres.
» Ce grand anachorète était né dans le village voisin ;
» saint Adon l'appelle Assise, et en ce temps, nous
» l'appelons Arcisse (2). »

Nous avions connaissance de ce passage de Chorier
lorsque nous publiâmes, en 1859, notre première notice sur saint Theudère ; mais remarquant que cet
historien ne faisait mention que du monastère de
Sainte-Marie du Val-Rupien, sans parler de l'oratoire
de Saint-Pierre, nous en conclûmes que pour lui le
Val-Rupien et Alarone était tout un. Chorier ne con-
naissant, selon nous, qu'imparfaitement saint Adon,
confondait ces deux pays, et plaçait deux monastères
dans le même lieu.

(1) Spicilége de Luc d'Achéry.
(2) *Hist. de Dauphiné.*

D'ailleurs, n'avions-nous pas pour nous le texte d'Adon, qui ne faisait revenir saint Theudère dans son pays qu'après la fondation de trois monastères, et notamment de celui d'Alarone? Alarone devait être loin de ces parages. Et, en outre, eussions-nous soupçonné que le château du Marchy pût être Alarone, que nous nous serions encore dit qu'il n'était pas possible que le Saint eût élevé deux monastères si rapprochés l'un de l'autre, car un kilomètre au plus sépare les deux lieux; chose, toutefois, que nous admettons aujourd'hui, ayant compris que ces deux établissements étaient dans des conditions différentes, et avaient chacun un but particulier, le premier formant un monastère proprement dit et chef-d'ordre, et le second, une dépendance de celui-ci, destinée à subvenir aux besoins spirituels du village. Chorier, qui se trompe quelquefois, se trompait donc ici, nous semblait-il, et notre raisonnement paraissait si plausible qu'il a été reproduit (1).

Chorier avait raison cette fois, quoiqu'il se donnât le tort de confondre, ou de ne pas distinguer les deux fondations, celle du Val-Rupien et celle de Saint-Pierre-d'Alarone. Et une dernière preuve que le Saint-Chef actuel ou que les alentours du Val-Rupien portaient bien le nom d'Alarone, c'est que le gouvernement révolutionnaire de 93 leur a rendu cette vieille dénomi-

---

(1) Ce passage de notre notice a fait illusion notamment à M. Fochier, avocat à Bourgoin, qui nous cite avec bienveillance, dans ses excellentes *Recherches sur Bourgoin et ses alentours.*

nation, substituée à celle de Saint-Chef, nom réaction-
naire et trop mystique pour l'époque.

Et cependant ce nom, aujourd'hui encore, n'est pas
connu au pays, mais on le trouve sur quelques actes
publics de la période révolutionnaire, conservés dans
les greffes du chef-lieu du canton.

En ce qui concerne donc la position de Saint-Pierre
du *Castrum Alarona*, notre preuve est faite. Et si quelqu'un ne la trouve pas concluante, il nous permettra
de lui rappeler que ces sortes de questions n'admettent
pas la démonstration mathématique.

D'ailleurs, que l'on trouve quelque part, dans l'ancien diocèse de Vienne, un monastère de Saint-Pierre,
adossé à quelque château-fort d'Alarone, fondé par
saint Theudère et dépendant de son abbaye, personne
plus que nous ne s'intéressera à la découverte.

VII

SAINT THEUDÈRE ET SES QUATRE ÉTABLISSEMENTS.

Quel appui la découverte du *Castrum Alarona* apporte à notre pensée sur la destination des établissements religieux de Theudère, sur les rapports de dépendance hiérarchique existant entre eux ! Après avoir fondé dans la gorge rupienne un monastère proprement dit, le Bienheureux en aurait-il créé un autre tout semblable, et à destination analogue, à une distance d'un kilomètre au plus ? Cela est tout à fait invraisemblable. C'est au Val-Rupien que se trouve la fondation mère et chef-d'ordre; les autres maisons, venues après, en sont des dépendances destinées à rallier les populations rurales, et à les pourvoir du service religieux. Les faits, maintenant que nous les voyons dans leur ensemble, déposent d'ailleurs en faveur de cette manière d'envisager le dessein primitif et l'œuvre intégrale du Bienheureux. Historiquement, Saint-Chef est une abbaye et rien autre jusqu'en 1774, époque de la translation du Chapitre à Vienne. Saint-Pierre-du-Marchy, ensuite de la Chapelle, est, comme Saint-Maurice-d'Arcisse, une paroisse jusqu'en 1793. « Saint-Symphorien-de-Gère formait avant sa ruine, dit Chorier, une des paroisses du diocèse de Vienne. » Et Vasselin est une paroisse encore existante.

Mais alors, va-t-on m'objecter, pourquoi cette formule invariable sous la plume d'Adon : « L'Homme de Dieu, voulant élever un nouvel oratoire pour y établir un essaim de moines?... » — Voici notre pensée à cet égard. Ces établissements, tout en ayant une destination en quelque sorte paroissiale, n'en étaient pas moins des maisons religieuses, offrant, autant que nous pouvons en juger par analogie, l'édifiant aspect d'un monastère. C'était un essaim de moines, vivant sous la règle de l'Ordre, et conciliant les soins spirituels à donner aux habitants avec les pratiques de la vie cénobitique. Après eux, venaient les frères, serviteurs de la maison; puis en troisième lieu, on le voit du moins en certains endroits, les colons aussi affiliés et jouissant parfois du droit de suffrage dans l'élection de l'abbé (1).

C'est ainsi, nous paraît-il, que se faisait à l'époque le service religieux et paroissial. C'est le prieuré, c'est-à-dire, la maison de la prière et du culte public et non interrompu. Certes, pour percevoir les dîmes et les autres redevances, ne fallait-il pas que le monas-

---

(1) Nous avons dit : autant que nous pouvons en juger par analogie : Voir les *Moines d'Occident*, les Bollandistes, etc.

tère se chargeât du soin des âmes? Et ses droits à
certains priviléges temporels, n'impliquaient-ils pas l'engagement pris par lui de répandre l'instruction religieuse et d'administrer les sacrements? Quand Theudère, ouvrant, à Vienne, la petite fenêtre de sa récluserie, recevra les intimes confidences des âmes at-
teintes par le venin homicide de l'esprit du mal, pour
les renvoyer guéries et consolées, que fera-t-il, sinon
remplir le grave ministère de la confession (1)? Et s'il
était chargé de cet important et délicat ministère dans
une populeuse métropole, supposera-t-on qu'il faisait
ses premières armes dans une fonction qui requiert
tant d'expérience et de maturité? Non; la vie de
l'homme de Dieu s'est écoulée dans l'accomplissement
d'un double devoir : le devoir de la prière, soit mentale,
soit liturgique, et le devoir de la réconciliation des âmes
avec Dieu. Et quand, à force de labeur, il se crée une
descendance spirituelle, il ne manque pas de lui com-
muniquer, comme Elie, son double esprit : l'enfant
spirituel de Theudère sera l'homme de Dieu, *vir Dei*,
et l'homme du peuple dans ses rapports avec Dieu, *in
his quæ sunt ad Deum*.

D'ailleurs, ce que faisait Theudère dans les pays qui
nous sont connus maintenant, d'autres abbés, d'autres

---

(1) Les *Nouveaux Bollandistes* estiment que le Bienheureux
conférait en effet le sacrement de pénitence de sa cellule de reclus
à Vienne, où il fait l'office de *grand-pénitencier;* et ils citent à
l'appui le docte Thomassin : *De antiquæ et novæ ecclesiæ disci-
plinâ.*

anachorètes le faisaient ailleurs. C'est l'époque de l'illustre patriarche de la vie cénobitique en Occident, le
grand saint Benoît, qui finissait sa belle carrière (543),
quand Theudère était au milieu de la sienne. En ce
même temps brillaient les célèbres Oyend, Colomban,
Maur, Vigor, Paterne, Marcou, et cent autres suscités
par la Providence pour la conversion des Barbares qui
avaient promené partout leurs ravages, pour l'extirpa-
tion définitive des superstitions païennes, dont les
campagnes isolées étaient le dernier refuge, et pour
l'établissement durable du culte chrétien jusque dans
les lieux les plus écartés et les plus sauvages. C'est
par excellence l'époque de l'épanouissement du mona-
chisme, *allant*, comme Jésus, *dans les bourgs et les
hameaux; passant*, comme lui, *en faisant le bien (Voir
note* H).

La satisfaction qui nous est revenue de la découverte
des établissements religieux de saint Theudère, longtemps tenus pour introuvables, a été suffisamment
partagée, pour qu'elle nous ait valu quelques témoignages d'intérêt, qui ont bien un peu récompensé
notre labeur. Mais nous devions provoquer aussi,
sinon des dénégations que rien n'eût justifiées, du
moins des expressions de surprise, et partant, d'hési-
tation à croire. A ce propos, qu'il nous soit permis de
le dire : Non, nous n'avons point fait plier la légende
de saint Adon à un prétendu système préconçu dont
nous n'avons jamais eu l'idée; toute notre attention se

portant à l'expliquer, à en concilier les passages d'ap-
parence contradictoire, et à en saisir le vrai sens.

Nos recherches ont été sérieuses, et nous ne crai-
gnons pas qu'on oppose aux localités par nous fixées,
des *alibi* qui soient acceptables. Peut-il être question ici, d'ailleurs, de ce qu'on appelle une certitude
absolue? Que l'on cherche encore, et peut-être trou-
vera-t-on mieux !....

Notre conviction, quant à nous, est inébranlable :
l'on ne parviendra point à nous déloger des positions
prises ; et nos découvertes que l'avenir peut soumettre
à de nouvelles épreuves, ne feront que s'affermir de
plus en plus et elles resteront.

Notes sur le Chapitre second.

D.

Nous avons donné la description de Vienne, telle que nous
l'avons trouvée sous la plume de saint Adon, et sans même
la traduire du latin en français. Le saint historien décrit sa
ville épiscopale à trois points de vue différents, nous l'avons
dit. Mais c'est surtout l'aspect formidable de ses fortifications
qui fixe l'attention de l'écrivain. Donnons-en une idée d'après
un des almanachs politiques de l'ancienne province vien-

noise, ce sera le moyen d'aider à l'intelligence de ce passage de saint Adon.

Devenu maître de la Gaule, César comprit vite tout le parti qu'il pouvait tirer de la capitale de la Narbonnaise pour la conservation de la conquête. Il résolut d'y loger cinq légions romaines, et c'est ce qui le porta à l'entourer d'un nombre égal de forteresses. En voici l'énumération :

La première est le *capprum* ou *cappro*, d'un mot grec qui signifie le bord d'une montagne, parce que le capprum est au-dessus de Romestang.

La seconde est l'*Eumedium*, qui veut dire en grec, commander. Pompée l'ayant muni de nouvelles fortifications, on l'appela *Pompeiacum*, d'où l'on a fait Poupet, puis Pipet.

La troisième qui domine le mont Quirinal est le *Quiriac*. C'est sur les pentes de ce mont que se trouvait la recluserie qui fut illustrée par saint Theudère, et aussi par conséquent l'église qu'il avait choisie pour ses pieux exercices, celle de Saint-Laurent.

Sur le même mont s'élevait une église de Sainte-Blandine, reconstruite sous le pontificat de Barnoin, à la fin du IXᵉ siècle, par la piété d'un abbé Ratbert (Collombet, tom. I).

La quatrième est le *Suspolium* ou *Suspolum*, du grec : conservateur, *salut de la ville*, d'où l'on a dit : *salus mons*, et de là : Salmont et Salomon. Sur cette colline se trouvait le Panthéon, consacré à toutes les divinités de l'Olympe, et renversé par le prêtre indien Sévère, qui éleva sur ses ruines une église dédiée à saint Etienne (voir le bréviaire romain au 8 août).

La cinquième est le mont *Arnaldi* ou mont Arnaud (v. l'*almanach général et politique* de 1788. — Voir aussi, pour plus amples renseignements, le 1ᵉʳ vol. de l'*Histoire de Vienne*, par Mermet).

E.

Nous avons dit que la vie de saint Theudère était depuis
de longues années tombée dans l'oubli, et son culte à peu
près perdu. Les auteurs qui ont eu à parler de lui, n'ayant
pour guide que saint Adon, le seul des anciens qui ait écrit
sa vie et dont le *mémoire*, incomplet en bien des points, n'a
jamais été publié en entier dans notre langue, ces auteurs
ont fait, la plupart du temps, des *quiproquo* étranges sur
son nom, son genre de vie, son pays et ses fondations. C'est
ainsi que Molanus, un de nos meilleurs hagiographes, dit
qu'il n'y a point eu de saint Theudère à Vienne en Gaule, et
il fait de notre saint un Théodare, de Vianes, en Gallicie, disciple de saint Pacôme *(Actes des Saints, traduct. franç., tom.*
III, *page 141).* Mais ce n'est pas des savants seulement que
Theudère a été méconnu ; par suite des transformations suc-
cessives et radicales subies par son monastère, par suite des
révolutions et du travail destructeur des siècles, ses enfants
spirituels, ses concitoyens et ses arrière-neveux peut-être,
en étaient venus jusqu'à oublier presque son nom, jusqu'à
laisser tomber entièrement son culte. Et ce n'est que depuis
qu'une certaine publicité a été donnée à ses actes, qu'on
s'est remis, tout au moins à Saint-Chef, à célébrer sa fête,
et à parer ce jour-là son autel et sa statue nouvellement
rétablis.—La chapelle de saint Theudère était anciennement
au côté droit du chœur de l'église (1re abside). Elle est aujourd'hui à l'extrémité du bras de croix de gauche. La statue
du Bienheureux sort des ateliers de M. Fabich, à Lyon. Le
tout est de 1860.

F.

La page que nous avons consacrée à Vasselin était écrite
et avait été publiée dans la *Semaine religieuse* de Grenoble,
lorsqu'il nous a été donné de voir *les actes* du Bienheureux
dans les nouveaux Bollandistes.

Ils ne connaissent nullement la position de Saint-Eusèbe-
de-Verceil, mais ils estiment comme nous que cet établissement, la *celle* ou *cellule*, pouvait être un petit monastère dépendant d'une maison religieuse, chef d'ordre. Ils citent à
l'appui de cette opinion sur la destination de la *celle*, un texte
de saint Benoît, rapporté par saint Grégoire, pape, livre II,
page 33.

G.

RELIQUES DE SAINT CLÉMENT.

C'est le corps entier ou presque entier d'un saint Clément,
martyr, que possède l'église de Saint-Chef. Un reliquaire en
bois dur, sculpté et doré, contenant ces ossements, était
jadis placé sur l'autel dédié à saint Clément et occupant l'abside qui est sous le clocher, abside qui est aujourd'hui consacrée à saint Theudère. Derrière une vitre orbiculaire, on
voyait le chef du Saint. Une fiole de sang coagulé est jointe
aux reliques. Les fidèles portaient à ces ossements une très-
grande vénération, et l'on nous a dit que l'affluence était

si considérable lorsqu'on les apporta à Saint-Chef, à une époque qui ne paraît pas très-reculée, que le pain manqua aux
nombreux pèlerins. Dans la première visite qu'il fit à Saint-
Chef, Monseigneur Claude Simon, trouvant ces reliques
privées de tout titre d'authenticité, les fit enlever. On les
enterra sous l'autel même de saint Clément. Si depuis quelques années elles ont été exhumées, à notre demande, repla-
cées dans le reliquaire et déposées à la sacristie, c'est que
nous pensions que quelques recherches pourraient nous
mettre sur la voie de la provenance de ce trésor.

Or, le 10 septembre 1872, en fouillant les archives de
l'Evêché de Grenoble, nous avons découvert le procès-verbal d'une visite épiscopale faite à Saint-Chef par Monseigneur Henri Oswald, archevêque de Vienne en 1734; et il y
est dit que le corps de saint Clément a été examiné et reconnu muni d'un titre authentique parfaitement en règle.
C'est un premier pas vers la solution de la question. Il reste
à savoir quel est ce saint Clément, martyr. On en faisait
mémoire le 23 novembre, fête de saint Clément, pape et
martyr; mais peut-on bien se convaincre qu'il s'agisse réel-
lement du corps de ce grand pontife?

En tout cas, en attendant de nouveaux renseignements,
on ne peut pas douter que ces ossements ne soient saints et
qu'ils n'aient droit à être tenus avec un religieux respect;
car à la tradition locale se joint maintenant le témoignage
officiel d'un illustre archevêque.

H.

LA RÈGLE DE L'INSTITUT.

Après avoir ravivé le souvenir des fondations monastiques de saint Theudère, il serait utile de faire connaître les prescriptions de la règle qu'il imposa à ses religieux. Cette règle, celle que les Saints-Pères avaient sanctionnée, *juxta regulam sanctorum patrum*, ne nous est pas indiquée autrement. Quant à la règle bénédictine, elle n'était pas encore connue au temps où vivait saint Theudère, mais elle devint, plus tard, et notamment lors de la restauration de l'abbaye, en 891, celle de l'ordre fondé par le Bienheureux. Elle est si empreinte de l'esprit de Dieu, qu'elle a été considérée comme inspirée du Ciel, et que l'Eglise lui a donné le titre de *sainte*. Elle ne se bornait pas à sanctifier ceux qui la pratiquaient, elle exerçait encore au dehors, par l'édification qui en résultait, la plus heureuse influence. Et les rois eux-mêmes, a-t-on dit, auraient eu tout profit à la méditer pour y apprendre l'art de gouverner leurs peuples. A la tête de la communauté se trouvait un abbé revêtu de pleins pouvoirs, dont il ne devait compte qu'à Dieu ; et qui en usait, pour le maintien constant de la discipline, avec une tendresse de père, car il portait ce titre (abbas), mais aussi avec la fermeté indispensable au bon gouvernement de son petit état. Nul n'était admis à faire des vœux, qui devaient être irrévocables, sans s'être éprouvé pendant un temps suffisant pour se rendre compte des engagements qu'il allait contracter et sonder sa résolution comme ses forces. Ces vœux, qui devenaient un mur de séparation entre lui et le monde, étaient au nombre de trois : celui de chasteté perpétuelle, celui de pauvreté ou de renoncement absolu à toute propriété personnelle, et celui d'obéissance inviolable à la règle et aux supérieurs.

La vie du moine se partageait entre la prière publique de la nuit et du jour, comprenant la prière privée ou l'oraison, qui durait depuis matines jusqu'à l'aurore, et une lecture spirituelle de deux heures; puis le travail manuel qui était de sept heures par jour. « Vous ne serez de vrais moines, avait dit le patriarche de la vie cénobitique en Occident, qu'autant que vous vivrez du travail de vos mains. » Ce travail consistait à travailler la terre, à dessécher les marais, à fertiliser les terrains incultes, à rendre les routes praticables, etc. On y ajoutait l'étude des sciences et des arts, la transcription des livres saints ou des manuscrits, enfin tout ce qui pouvait contribuer au bien de l'Eglise et de la société chrétienne. La règle principalement fondée sur le silence et la solitude, sur l'humilité et l'abnégation, sur la prière et l'obéissance, sur la mortification du corps et de l'âme, était de nature à conduire l'homme à la plus haute perfection. L'usage de la viande était interdit, mais l'on permettait un peu de vin, et la ration de pain et de légumes était combinée de manière à ce que le moine pût garder les rigoureuses prescriptions de la règle et remplir sa tâche de travail corporel. Si cette règle ne devint que plus tard celle de l'abbaye de Saint-Chef, on peut toujours dire qu'elle est, pour la substance, celle que saint Theudère donna dès le principe à ses enfants spirituels, parce que saint Benoît n'a fait que codifier en quelque sorte les règles existantes à son époque, et que, sauf quelques modifications réclamées par les circonstances de temps et de lieux, les règles se ressemblent toutes pour le fond des prescriptions. D'ailleurs, le fondateur d'un ordre religieux en

est tout d'abord lui-même la règle vivante. Et pour se sanctifier, le moine rangé sous la conduite de saint Theudère
n'avait qu'à respirer son esprit et à marcher sur ses traces.

Fidèles à de si sages prescriptions, voués à des exercices
si laborieux et si sanctifiants, les enfants du saint abbé ne
pouvaient manquer et de conquérir le royaume des cieux, et
de réaliser le vœu de l'Esprit-Saint : *Que votre lumière luise*
devant les hommes, afin qu'ils voient vos bonnes œuvres et
qu'ils glorifient le Père qui est aux cieux.

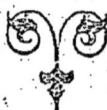

CHAPITRE TROISIÈME.

SÉJOUR DU BIENHEUREUX A VIENNE, SA MORT ET SES FUNÉRAILLES.

I

SAINT THEUDÈRE ET LE SAINT ÉVÊQUE PHILIPPE.

C'est à Vienne que vont s'écouler les dernières années de l'homme de Dieu; et ainsi, par les deux parties extrêmes de sa vie, le Bienheureux aura édifié deux métropoles célèbres qui rivalisèrent pendant longtemps de primatie, tandis que sa vie moyenne, ses labeurs, auront été le lot de son pays, de Saint-Chef et des alentours. Les circonstances qui le conduisirent dans la ville épiscopale pour y projeter de nouveaux rayons de sainteté et s'y éteindre dans une auréole incomparable d'amour divin, demandent à être exposées.

Une coutume pieuse et des plus touchantes existait à Vienne à l'époque où nous nous trouvons. Elle consistait à entretenir, hors des murs de la cité, un personnage d'une sainteté éminente et choisi entre un grand nombre, pour vaquer, dans une retraite absolue, aux saints exercices de la pénitence et de la vie contemplative. Confident des secrets et des perplexités les plus intimes du cœur humain, ce reclus se faisait, auprès de Dieu, dans le saint abandon de la prière, l'interprète des vœux et des besoins de chacun. Le sublime Ascète était là, remarque Collombet, comme une citadelle qui protége la ville et la nuit et le jour. Et Chorier, qui n'est pas suspect d'enthousiasme religieux, dit de son côté : « Leur exercice était une oraison et une mortification continuelles. On les établissait au dehors de la ville, comme des soldats aux postes avancés, pour soutenir les premiers chocs des ennemis invisibles... Saint Léonien, qui vivait au temps du célèbre Avitus, a été ou leur auteur à Vienne, ou certes, une de leurs plus grandes lumières. Saint Theudère que l'abbaye de Saint-Chef reconnaît pour son patriarche, et qui avait déjà rempli le monde du bruit de sa sainteté, se condamna, quelques siècles après, à une semblable solitude (1). »

(1) *Quelques siècles après* : Il y a là un anachronisme considérable ; car le premier de ces moines avait à peine quitté ce bas monde quand l'autre venait à la vie.

Il est un autre célèbre prédécesseur des saints Theudère et Léonien dans ce genre de vie toute de retraite, c'est saint Aignan, qui fut ensuite évêque d'Orléans (1).

L'historien que nous venons de citer donne aux reclus, et notamment à Theudère, le titre de grand-pénitencier; il ne paraît pas douteux, en effet, à voir le texte adonnien, que le Bienheureux n'exerçât le ministère de la réconciliation des âmes avec Dieu, en conférant le sacrement de la pénitence. Et c'est l'avis motivé des nouveaux Bollandistes dans leur récente publication de la vie de notre Saint. Grande était donc la vénération qu'inspirait la recluserie, institution qui, ayant pris un grand développement à l'époque de saint Grégoire de Tours, a traversé les siècles pour se perpétuer presque jusqu'aux temps modernes.

« Saint Philippe, 21ᵐᵉ évêque de Vienne (*Voir note* I), ayant à pourvoir à cette charge de reclus devenue vacante, jeta promptement les yeux sur Theudère, se réjouissant beaucoup de trouver dans son diocèse un personnage d'autant plus apte à cette fonction, qu'il était déjà père d'une nombreuse famille monacale. L'homme de Dieu, sitôt qu'il eut appris à quel dessein il était mandé par son évêque, se hâta de pourvoir à la direction de son monastère, en remettant son autorité à son prévôt Sévérianus; puis, faisant à ses frères les adieux les plus touchants et les plus tendres recom-

(1) Voyez Godescard, saint Aignan ou Agnan, au 17 novembre.

mandations, et, s'abandonnant lui-même tout entier
aux soins de la Providence, il s'empressa de se rendre
à la ville métropolitaine. Le vénérable évêque convoqua,
pour l'accueillir, le clergé et les fidèles, et, proposant le
Bienheureux à la vénération publique, il exhorta vivement ses ouailles à mettre en lui leur confiance, se
faisant garant des fruits de salut qui en reviendraient
à tous, et se promettant à lui-même de solides consolations pour le jour des rétributions éternelles.

L'homme de Dieu se fixa sur le mont Quirinal, auprès de la basilique de Saint-Laurent, martyr, qu'il
adopta pour ses saints exercices du jour et de la nuit.

Illustre fille de la cité impériale, Vienne, assise elle
aussi aux pieds de sept collines, avait comme Rome
son Quirinal. C'est sur la pente du Quirinal que se fixa
notre Saint. Ce mont où se trouvait sa recluserie est
mieux connu aujourd'hui sous le nom de Sainte-
Blandine. Quant à la basilique de Saint-Laurent,
nous présumons que c'est celle qu'éleva un siècle
auparavant le célèbre prêtre indien, Sévère, amené à
Vienne par le doigt de Dieu pour y exercer son ministère apostolique. Ce même Saint avait déjà construit
l'église de Saint-Étienne sur les ruines du panthéon
renversé par lui, et situé au delà de la Gère sur le *Suspolium* (1). La recluserie de Sainte-Blandine n'était pas
la seule qu'il y eût autour de Vienne. Il y en avait une
autre, plus tard du moins, et plus éloignée du bruit de

_____

(1) Voir Godescard et le bréviaire au 8 août.

la cité ; elle était située vers le territoire de Seyssuel,
en un lieu appelé Cuez ou Couëz, dénomination qui en
rappelle encore le souvenir et en désigne l'emplacement. Ces recluseries étaient l'objet d'une grande
vénération. On les trouve mentionnées dans un testament du mois de juillet 1293, où il y a des legs pour
le reclus de Couëz, pour celui d'Arpot, sur la route de
Lyon, et encore pour celui de Saint-Germain. Cette
troisième recluserie était au-dessus du temple de Mars;
c'est celle du Quirinal ou de Sainte-Blandine, celle qu'a
occupée saint Theudère. Au moyen de ces renseignements, le lieu où Theudère avait fixé sa résidence se
trouve fixé de manière à ce que la confusion ne soit
plus possible (1).

Saint Adon décrit en un style empreint d'une visible
émotion l'austérité des pratiques auxquelles se livre le
Bienheureux dans cette retraite absolue, où les fidèles
subviennent, pour lui en ôter tout souci, aux nécessités si restreintes pour lui de la vie matérielle. « Aucune
langue ne pourrait exprimer jusqu'où furent portés
l'abnégation, l'humilité, l'esprit de détachement dont
ce saint homme se montra pénétré. Vous l'eussiez vu
toujours plongé dans l'oraison, toujours baigné dans
ses larmes, toujours respirant cette paix incomparable
qui est le fruit d'une tendre confiance en Dieu.

Il est à peine croyable combien modique était la

(1) Chor., *Rech.*, t. I, p. 3. — Collombet, t. II, p. 233. Il fait
erreur en assignant à saint Theudère la recluserie d'Arpot.

nourriture dont il savait se contenter, et jusqu'à quel point il se plaisait à pratiquer la pauvreté de l'Evangile. Ce saint reclus ne prenait un peu de repos que sur un rude cilice, et souvent ses jours comme ses nuits s'écoulaient dans une abstinence complète. Comme le bruit de sa sainteté lui attirait de nombreuses visites, il avait soin, retiré dans le secret de sa cellule, d'en ouvrir une petite fenêtre pour donner à ceux qui le faisaient confident de leurs peines, les avis les plus salutaires. Il avait reçu de la libéralité de Jésus-Christ une prudence si rare, un don de discernement si exquis et une si onctueuse parole, que les pieuses exhortations qu'il adressait à chacun étaient toujours en rapport avec leurs besoins et leurs dispositions particulières. Qui fut atteint du venin homicide de l'esprit du mal, et ne retrouva auprès de lui un baume aussi prompt qu'efficace pour sa blessure? Qui se sentit accablé du fardeau de ses péchés et ne reprit, avec la confiance en la miséricorde divine, cette sérénité de l'âme et ce courage qui sont indispensables à l'œuvre de la sanctification? On ne saurait dire combien de cœurs abattus il releva vers les célestes espérances, et à combien d'âmes brisées par les revers et les cruelles déceptions de la vie, il sut rendre la paix des enfants de Dieu. Et tout cela, parce que le Bienheureux savait, comme le grand Apôtre, « *se faire tout à tous pour les gagner tous à J.-C.* »

La cellule de Theudère était devenue évidemment un lieu de pèlerinage. Nous avons déjà constaté un concours semblable auprès de l'oratoire que l'homme de Dieu avait élevé sur la Gère. C'est que captiver les âmes, les gagner à Dieu et les enchaîner à la vertu fut toujours un des glorieux priviléges de la sainteté. Ainsi est faite la nature humaine: l'instinctif sentiment de son origine, comme de ses destinées célestes, est si vivant au fond le plus intime de son être, que quelque part que brille à ses yeux un reflet de l'éternelle béatitude, un rayon de la gloire des élus, elle s'émeut, s'exalte et se sent entraînée. Et n'est-ce pas ainsi que le moindre souvenir de la patrie qui va surprendre l'exilé, gémissant sur la terre étrangère, le transporte et fait vibrer son âme jusque dans ses fibres les plus secrètes?

Une si éminente sainteté ne pouvait manquer d'être favorisée de ces signes éclatants qui sont comme le sceau de l'amoureuse complicité du Ciel.

« Beaucoup d'âmes tourmentées par les mauvais esprits, ou affligées d'infirmités diverses, obtenaient leur délivrance par le crédit du Saint auprès de Dieu. »

II

LA JÉRUSALEM CÉLESTE.

_____

Le saint abbé passa douze ans dans la retraite choisie et qui lui devenait de plus en plus chère. « Car il n'avait cessé de s'y immoler à Dieu avec une ardeur toujours croissante, s'offrant au Seigneur comme une victime qu'une complète abnégation d'esprit et de cœur rendait de jour en jour plus digne du ciel. »

Enfin, le jour des éternelles rétributions commence à briller à ses yeux, et le pressentiment qu'il en a ne le trompera point. « Sentant que le cours de son pèlerinage s'abrége, il élève son âme vers le Seigneur avec une ferveur plus grande encore, et plus persévérant dans la contemplation à mesure qu'il se sent plus rapproché du seuil de l'éternelle béatitude, il ne se résigne plus qu'à regret à tourner son attention vers autre chose que vers le séjour des élus. »

Les célestes visions lui sont familières : « Il voyait dans les saintes demeures, par l'impatience de ses désirs, et le Dieu qu'il aimait si ardemment, et les

phalanges des Esprits bienheureux, et les glorieux
trophées des Apôtres, et l'auréole éclatante des Martyrs; son âme en était inondée d'une joie inénarrable.
Et aucune harmonie, aucune saveur d'ici-bas n'eût
été capable de le distraire de la pensée de J.-C. »

L'homme de Dieu se consumait en ces douces et
laborieuses extases, lorsqu'il se sentit atteint des dernières langueurs; la mesure de ses œuvres était pleine
et débordante, son âme prit son vol vers les célestes
régions.

O homme mille fois heureux, la voilà enfin cette
cité sainte après laquelle vous avez tant soupiré ! La
voilà, après de si constants labeurs, cette société des
élus vers laquelle tendirent vos incessantes aspirations!
Jouissez enfin, dans celui qui posséda tout votre cœur,
de ce bonheur incomparable qu'aucune vicissitude ne
saurait altérer ! »

On ne peut traduire ces pages empreintes d'une onction si pénétrante, et où se montrent à découvert deux
âmes également admirables, et si bien faites pour se
comprendre, sans se redire que véritablement la
plume d'un saint est seule capable d'exprimer ce que
fut un saint.

Certes, nous sommes heureux que saint Adon ait eu
la bonne inspiration de retracer en abrégé les actes du
bienheureux cénobite, de nous transmettre quelques
linéaments de cette grande figure contemplative, mais
pouvons-nous ne pas regretter que cette page hagiographique n'ait pas été écrite avec plus d'ampleur par

quelque contemporain de l'homme de Dieu. Oui, si
Theudère avait eu pour historien quelque témoin ému
de son ardente charité, de ses ferventes oraisons, et
de ses opérations miraculeuses; s'il avait eu pour
le dépeindre, comme Antoine un saint Athanase,
comme Martin un Sulpice Sévère; si l'on nous avait
exposé cette belle vie sous ses divers aspects, et conservé quelque chose de ses pieuses exhortations ou de
ses suaves et onctueux discours, il n'est pas douteux
que le riche parterre de nos *Vies de Saints* n'eût été
enrichi d'une belle fleur de plus, qui serait loin d'en
être le moindre ornement.

NOTA. — Le tableau qui vient de passer sous nos yeux des
visions et de l'allégresse anticipée du saint vieillard, dont les
regards plongent si avant dans les mystérieuses profondeurs
de la cité sainte, ce tableau semble avoir inspiré un des
artistes décorateurs de l'église abbatiale, aujourd'hui paroissiale de Saint-Chef. Dans la tour du côté gauche de cet antique édifice, et à la hauteur des combles, se trouve une petite
chapelle dédiée à saint Michel, et où l'on arrive par un
escalier à vis pratiqué dans l'épaisseur des murs. L'intérieur
de cet édicule où se faisait la réception des titulaires de
l'abbaye, est décoré d'une peinture à fresque signalée comme
très-remarquable, et qui représente la Jérusalem céleste.
« Sur la voûte en arc de cloître est figuré le paradis. Le
Christ, au centre, dans une auréole appelée par quelques
auteurs *vesica piscis*, est entouré d'un chœur d'anges; au-
dessous, les saints sont groupés en leurs divers ordres. Sur
l'un des petits côtés est représentée la cité des bienheureux,

sous la forme d'un palais dominé par l'*Agnus Dei*, dans un nimbe circulaire. De l'autre côté est la sainte Vierge. Enfin, le Père éternel occupe le point central de la voûte absidale (1). » On fait remonter cette fresque au xiie siècle. Y a-t-il eu vraiment entre la plume d'Adon et la palette du peintre décorateur une relation telle, que l'un ait inspiré l'autre, c'est ce que nous n'affirmons pas. Mais l'idée de ce rapprochement ou de cet emprunt d'inspiration fait à l'historien par l'artiste, ne nous étant pas exclusivement personnelle, nous avons cru devoir en faire mention. Il ne saurait être hors de propos, en tous cas, de signaler aux amateurs, une œuvre d'art des plus intéressantes, à nous léguée par la piété et par le génie chrétien de nos pères.

(1) Victor Teste, archiviste de Vienne. *Revue du Lyonnais.*

III

LE SAINT DÉFUNT. — SA TRANSLATION ET SES FUNÉRAILLES.

La mort du saint reclus, sa translation en son monastère de Sainte-Marie du Val-Rupien, sa sépulture
dans le tombeau qu'il s'était lui-même choisi, tout cela
offre l'image d'une fête prolongée. Il en est ainsi des
funérailles des élus : tout y respire l'allégresse, parce
que Dieu *les couronne d'honneur et de gloire, et qu'après
avoir semé dans les larmes, ils moissonnent dans la jubi-
lation.* « La nouvelle de la mort du vénérable cénobite
n'eut pas plus tôt été répandue dans la ville, qu'elle y
causa une sensation profonde, et un concours considérable, où se confondaient les prêtres et les fidèles,
se produisit auprès des saintes dépouilles. Les devoirs
que la piété inspire en pareille circonstance ayant été
rendus au saint corps, on le dépose dans le cercueil;
puis, les prêtres s'avancent pour le charger sur leurs
épaules et le conduire à sa dernière demeure. Mais,
ô prodige! ils ne parviennent pas à le soulever de terre.

L'étonnement gagne toute l'assistance. On se regarde, on s'interroge et l'on ne sait à quel parti s'arrêter. Mais bientôt le pieux pontife qui préside la cérémonie annonce que le Saint, quel que soit le désir de chacun de le conserver dans la ville, sera reporté à son monastère (1), et aussitôt, nouveau prodige! le cercueil devient si léger, qu'à peine en sent-on le poids. On arrive à l'église de saint Romain, martyr, au faubourg de la ville, appelé Brenniac, et l'on s'y arrête pour consacrer ce qui reste de la nuit à la prière et au repos » (Voir note J).

Le pieux cortége fait une première station en un lieu, le faubourg Brenniac ou de Brennus (aujourd'hui Pont-Evêque), peu distant du point de départ; on ne s'en étonnera pas si l'on fait attention que l'on était à cette époque de l'année (le mois de novembre probablement) où les jours n'ont que peu de durée, et que la cérémonie liturgique, ainsi que la traversée de la ville, au milieu d'un grand concours de fidèles, avaient dû prendre beaucoup de temps.

Rapportons le miracle qui se produisit en cet endroit; de charitables religieuses vont en fournir l'occasion et en retirer une part d'édification méritée; comme si le promoteur par excellence de la vie claustrale avait voulu, tout en récompensant un acte de pieuse libé-

---

(1) C'est bien de Saint-Chef qu'il s'agit, quoique ce monastère ne soit pas autrement désigné et que le Saint en eût fondé plusieurs. Nouvelle preuve que Saint-Chef était l'œuvre principale et chef d'Ordre.

ralité, bénir encore une fois, avant de quitter la cité
viennoise, ces nombreuses communautés religieuses
qui en étaient, à cette époque, le plus bel ornement.
Les religieuses de la ville avaient donc eu la pensée,
ne pouvant accompagner personnellement l'homme de
Dieu, de fournir d'abondantes provisions de voyage
les pieux pèlerins dont elles enviaient le bonheur.

Avant toutes, la supérieure du monastère d'En-
Haut (1) avait envoyé trois vases pleins de vin, afin que
ceux qui portaient ou qui suivaient le saint corps pussent se rafraîchir, et que ceux qui passaient la nuit ne
fussent pas privés de la réfection accoutumée (*et hi qui
vigilias agerent recrearentur*) : c'est le *réveillon*. On fit
honneur aux libéralités de la pieuse abbesse, et lorsque
arrivèrent les moines de Saint-Chef, ayant à leur tête
Sévérianus, leur second abbé, ils éprouvèrent le
besoin de se remettre de la fatigue du voyage au moyen
de quelque rafraîchissement : les outres étaient vides.
« Mais que ne peut la puissance divine lorsqu'elle veut
honorer ses serviteurs? Comme on se disposait dès le
matin à reprendre les vases des bonnes servantes de
Dieu pour les rentrer dans le monastère, on les trouva
pleins et tels qu'ils avaient été apportés. Et non-seulement cette nouvelle boisson, qui rappelait le miracle

---

(1) Cette supérieure était probablement Eubone, sœur du duc
Ancemond, le généreux fondateur des monastères de Saint-Pierre
et des deux Saint-André. Elle est en effet mentionnée, peu avant
cette date, comme supérieure du monastère d'En-Haut (V. Collombet).

de Cana en Galilée, suffit aux besoins de chacun, mais elle se trouva surabondante, de sorte qu'on put en reporter au monastère et rendre toute la communauté témoin de l'opération divine. »

On se remet en route, les notables se succédant sous le saint fardeau avec une pieuse émulation. Et bientôt on atteint le village de Diémoz (1) *in loco duodecimo nuncupato;* une autre version porte : *decimo nuncupato* (c'est le dixième millière). La localité de Dième fut le théâtre d'un nouveau miracle. « Un aveugle de naissance qui a appris l'arrivée prochaine du Saint, l'attend avec confiance, durant l'espace de trois jours; sitôt qu'il peut satisfaire son désir il touche le voile qui couvrait le cercueil; incontinent ses yeux répandent d'abord du sang, puis ils s'ouvrent pour la première fois à la clarté du jour. »

Un autre miracle se produit au lieu même de la sépulture, sitôt que le cortége y est arrivé. Des personnes animées d'un grand sentiment de confiance apportent sur les lieux un homme tellement perclus de ses jambes, que la plante des pieds adhérait à la base du corps. Le crédit du Bienheureux auprès du Tout-Puissant se manifesta aussitôt, car cet infirme put se lever et jouir de la pleine liberté de ses membres. « Et pour que la véracité de ces deux miracles ne fût pas révoquée en doute, ces deux hommes, l'aveugle et le

(1) On suit la voie romaine de Vienne à Bourgoin et à Aoste par Septême, Oytier, Dième, 7, 8, 10me borne millière.

perclus se fixèrent, pour le reste de leurs jours, auprès du saint tombeau, louant Dieu et redisant hautement les merveilles dont ils avaient été l'objet. »

Le souvenir de ces deux miracles, ainsi que de celui qui va suivre, a laissé quelque trace, ce nous semble, dans la mémoire des habitants de Saint-Chef.

Comment s'expliquer, en présence de ces circonstances et notamment de l'arrivée à Vienne de Sévérianus, se rendant à la rencontre du saint fondateur qui l'avait lui-même installé à la tête de la communauté, comment s'expliquer l'assertion de deux historiens — Chorier et Godescard — qui disent que le Bienheureux fut d'abord enseveli dans l'église de Saint-Laurent de Vienne, et ne fut porté que plus tard dans son église de Saint-Chef ?

Il est possible, à la vérité, que le saint corps, après la décision prise de le reporter au Val-Rupien, ait été déposé et gardé quelque temps dans l'église de Saint-Laurent, pour qu'on eût le loisir de tout disposer pour le voyage, et pour donner le temps d'arriver aux moines de son monastère. Mais cette explication justifie-t-elle l'assertion dont il s'agit ? Il faut voir là, croyons-nous, une des nombreuses distractions de Chorier, qui aura été reproduite par Godescard (voir cet auteur au 29 octobre).

Il se peut aussi que l'expression *curatum est sanctum corpus* dont saint Adon se sert aux deux endroits, et qui a, comme le français *enseveli*, une double signification, ait donné lieu à la méprise.

On procède à la cérémonie de la sépulture, mais avant qu'on l'ait achevée, « les ténèbres de la nuit couvrent la terre de leur voile, et l'on s'aperçoit que pour les dissiper la cire va être insuffisante. Les moines attristés ne savent comment suppléer à ce déficit, mais celui qui est tout miséricorde a pitié de leur détresse : La cire se multiplie si bien dans les mains de ceux qui la portent, comme se multiplia autrefois sur la montagne le pain que le Sauveur avait béni, qu'on put allumer un grand nombre de torches, et achever la cérémonie funèbre, au milieu d'une merveilleuse illumination.

Le Saint fut donc déposé avec toute la vénération possible dans le tombeau qu'il s'était lui-même préparé autrefois, et là, il témoigne chaque jour de son union avec le Tout-Puissant par les faveurs sans nombre qu'il obtient à ceux qui l'invoquent avec esprit de foi. »

Le saint évêque Adon termine son récit par une pressante exhortation aux religieux de Saint-Chef de marcher sur les traces de leur vénéré père. « Si donc vous aspirez à sa puissante protection, mes fils et mes frères, efforcez-vous d'imiter une âme qui ne respira que la divine charité. Cet homme de Dieu n'ambitionnait que de faire de vous des saints, afin de vous avoir pour couronne dans le ciel. Vivez de sa vie, que son esprit revive en vous, et sa tendre affection ne vous fera point défaut. Que le Seigneur qui l'a gratuitement comblé de grâce et de gloire, multiplie en vos âmes

les saints désirs; et qu'il vous fasse atteindre à cette
obéissance parfaite et à cette plénitude de la justice,
dont l'éternelle félicité est le digne couronnement.
Amen. »

Notes sur le Chapitre troisième.

I

Saint Adon désigne saint Philippe comme le vingt-unième
évêque de Vienne, tandis que d'après nos historiens de la
contrée, et notamment d'après Collombet qui résume ses devanciers, il serait le vingt-quatrième ou le vingt-cinquième
évêque de la métropole, selon que saint Crescent compte ou
ne compte pas pour le premier, ce qui est encore une question. L'auteur que nous venons de nommer, rendant compte
des ouvrages de saint Adon (tom. I, p. 289), rend hommage
« à la sagacité et à la sagesse de l'évêque historien; » mais
il fait remarquer que le défaut de critique de l'époque où il
vivait, explique « la confusion et les difficultés sans nombre
dont sa chronique est remplie. » Il ajoute : « ce que l'auteur
dit au sujet des évêques de Vienne, sur lesquels il aurait dû
avoir de meilleurs *mémoires*, n'est pas plus irréprochable
que le reste » (pag. 297).

Et certains lecteurs voudraient que nous trouvassions toujours saint Adon irréprochable ! Obligé de signaler, dans la
légende qui nous a occupé, quelques lacunes et quelques

défauts excusables de rédaction, ne l'avons-nous pas fait avec la discrétion requise ?..... Et notre profonde vénération pour le Saint saurait-elle en souffrir ?

J

Nous avions traduit le *suburbio Brenniaco* par faux-bourg de Brennus, tandis que nos historiens disent simplement faux-bourg Brenniac. Et on nous a demandé comment nous prétendions justifier cette hardiesse d'interprétation étymologique. Voici notre réponse : Le passage de Brennus à Vienne, et le séjour qu'il y aurait fait, est attesté par toutes les histoires de Vienne, qui lui attribuent la construction d'un temple à Hésus ou Mars et la Victoire, temple relevé par les Romains après la conquête de la Gaule. Il était situé sur le Quirinal.

D'énormes blocs de pierre, et une inscription votive au Dieu de la guerre, découverts en 1735 dans le clos des Dames de Saint-André-le-Haut, confirment le fait. Alors, quoi d'étonnant qu'on ait gardé la mémoire du campement de ce chef militaire sous les murs de Vienne, alors qu'il allait porter secours aux Gaulois d'Italie; et que son nom, si populaire dans nos fastes historiques des vieux âges, soit resté au faubourg que nous venons de nommer? Quant au nom moderne de cette localité, il date de la construction d'un pont sur la Gère, dû à un des évêques de la ville, qui aimait à aller visiter une terre qu'il possédait au delà de cette rivière; c'est Pont-Evêque.

APPENDICE.

I

Pour retrouver quelques traces du tombeau de saint Theudère, l'Auteur de ce livre, dûment autorisé par l'autorité préfectorale, a fait pratiquer des fouilles sur l'emplacement de l'oratoire primitif du Val-Rupien, qui est l'esplanade donnant entrée à l'église actuelle ; ces fouilles ont eu pour résultat de mettre à jour quelques tronçons des fondations de la chapelle du Bienheureux, mais elles ne nous ont rien révélé touchant le saint tombeau. Et après tant de révolutions passées sur ce lieu, après tant de défoncements successifs du sol, notre déception ne pouvait être grande (1).

Cette esplanade est une sorte de sarcophage rempli d'ossements, qui ont déjà été généralement remués ; on y découvre quelques belles tombes en pierre, dont on fait, hélas ! des auges d'une triste élégance.

---

(1) Il existe pourtant vers le côté gauche de la façade un tombeau que recouvrait un élégant pavillon dont il reste des traces ; mais les ossements qu'il contient paraissent mélangés.

II

SAINT-CHEF. — LES TROIS CHEFS. —
LA CHAPELLE ARDENTE.

A ce souvenir du tombeau de l'homme de Dieu se
rattache une question d'archéologie sacrée des plus
intéressantes, celle du chef retrouvé de saint Theudère. Rappelons quelques notions qui nous conduiront
directement à notre but. Le pays de Saint-Chef a porté
différentes dénominations qui se sont succédé avec
le temps. C'était le *Val-Rupien*, ou la forêt rupienne,
et sous ce nom, on ne désignait que le vallon ou ravin
défriché par saint Theudère; les alentours, nous
l'avons établi, se nommaient Alarone. Le monastère
fondé au Val-Rupien, sous le vocable de la Bienheureuse Vierge Marie, prit le nom de sa patronne. A ce
nom, fut joint bientôt celui du saint fondateur : *Monastère de la Bienheureuse Vierge Marie et de saint Theudère, abbé.* Ce dernier nom ne tarda pas à prévaloir et
à se trouver seul inscrit sur les chartes et gravé sur la
pierre.

Au moyen âge, la dénomination de Saint-Chef fut acquise au pays par suite de la vénération dont le chef du Saint, conservé dans un riche reliquaire, devint l'objet. En allant vénérer cette précieuse relique, les fidèles disaient : *Allons au saint chef,* et de là la traduction assez bizarre de saint Chef par *sanctus Theuderius :* saint Chef ou saint Theudère (1).

Avec le chef de saint Theudère, on exposait aussi à la dévotion des fidèles, celui de saint Thibaud, archevêque de Vienne, restaurateur de l'abbaye, au XIe siècle. Il était contenu dans un reliquaire d'argent, donné par un de Saint-Genest, sacristain de l'abbaye (2).

Mais l'église actuelle est appelée encore, *Eglise de Sainte-Croix,* parce que le crucifiement s'y trouve symbolisé d'une manière frappante. Le plan de l'Eglise n'est autre chose qu'une belle croix latine. L'inclinaison du Sauveur sur l'instrument de son supplice est reproduite d'une manière frappante dans la disposition inclinée du plan de l'édifice. Le Christ en croix se voit, avec les deux saints personnages qui sont à ses pieds, dans le beau vitrail du triforium qui relie la voûte de l'avant-chœur à celle du chœur. Enfin, un grand Christ sur bois, suspendu derrière le maître-autel, et frappant tous les regards, produit sur les cœurs la plus vive impression.

L'origine ou la raison de ces dénominations diverses

(1) Chorier, Touron, Ciconio, etc.
(2) Voir une inscription bien conservée.

exposée, il nous reste à nous demander ce qu'est devenu le chef dont nous avons parlé. Ici se présente la question de la chapelle ardente, qui était adossée extérieurement au chevet de l'église ; mais pour en bien faire connaître la position, une petite digression sur le chœur de l'édifice sacré nous est nécessaire.

C'est le chœur, dans ce grand vase à trois nefs, qui est surtout remarqué ; ses proportions aussi régulières que grandioses, ses majestueux transepts, couronnés chacun d'une tour carrée, ses voûtes hardies, suspendues sur de riches piliers superposés, ses cinq absides établies sur une même ligne et s'harmonisant dans une irréprochable symétrie, tout cela excite justement l'admiration et a valu à l'édifice la faveur d'être classé parmi les monuments qui sont à la charge de l'Etat.

C'est devant l'abside ou chapelle latérale, qui est la première du côté de l'Evangile, qu'il faut nous transporter. Dans l'épaisseur du mur en demi-cercle dont elle est formée, s'ouvrait une porte, aujourd'hui murée, qui donnait jour dans une retraite extérieure dont il ne reste aucun vestige : c'était la *Chapelle ardente*. Le peu qui en restait fut découvert et détruit tout à la fois lors des travaux de déblai et de restauration exécutés depuis peu pour assainir et raffermir la vénérable basilique. On mit au jour successivement, en relevant le terrain et les décombres accumulés par les siècles, jusqu'à la hauteur de plusieurs mètres, sur les murs extérieurs de l'édifice, d'abord, trois

têtes, bien conservées, symétriquement déposées sur
une table d'autel en pierre, et garnies intérieurement
de coton; puis cette table d'autel elle-même, portée
par des colonnettes; puis encore des débris d'une
lampe funéraire, et enfin le dallage de l'édicule. En
face et à proximité de cet autel, qui n'était pas dans
le sens de l'église, mais faisait angle droit avec
le mur absidal, était une grande pierre, sur champ,
percée vers son centre d'une ouverture orbiculaire,
avec ciselures et rayons divergents, pour donner passage à une belle gerbe de feu. Cette pierre était cal-
cinée. Partant de l'ouverture extérieure de cette pierre,
un tube cylindrique en fonte, destiné à y amener la
flamme odoriférante, se prolongeait autour du chœur
de l'église pour aller aboutir à une sacristie qui était
au côté opposé de cette partie de l'édifice. Sans savoir
comment on parvenait à produire cette illumination
devant les *chefs* vénérés, au moyen de ce tube de métal, nous supposons qu'elle était réservée à certaines
fêtes, et qu'alors on ouvrait la porte donnant dans le
sanctuaire, afin que les fidèles pussent jouir du pieux
spectacle. Aucun document ne nous a fait connaître à
quelle époque cette crypte ou chapelle ardente s'était
effondrée sur elle-même, ou avait été détruite. Si elle
n'était pas unique en son genre, quelque archéologue
ne pourrait-il pas nous en dépeindre mieux et le plan
et la destination?

De ces précieuses découvertes, qu'a-t-on eu soin
de conserver? Tout, excepté les saintes reliques.

On peut voir, dans la chapelle où se trouve la fresque remarquable que nous avons signalée, les colonnettes qui portaient l'autel, le tube cylindrique, la pierre taillée pour produire la gerbe de feu, etc. Mais les trois *chefs* furent négligés et ne provoquèrent aucune marque d'intérêt (1). Que savait-on alors de saint Theudère, de saint Thibaud, etc.? Hélas! fort peu de choses.

Heureusement les travaux étaient dirigés par un homme intelligent (2). Il se dit que peut-être on lui demanderait compte un jour de ces reliques, méconnues alors. Il les prit donc et les déposa en un lieu sûr et caché. Il en a promis l'exhibition au vénérable curé actuel de la paroisse, mais cette promesse n'a pas encore été réalisée. Nous croyons que le désir de voir retirer au plus tôt ces chefs d'une retraite où ils se détériorent et qui n'est connue que de l'honorable directeur des travaux, ne peut que paraître très-légitime.

Objets d'un culte si manifeste, ces saintes reliques n'intéressent pas la piété seulement, mais aussi l'histoire de l'abbaye de Saint-Chef. Et si leur identité, celle du moins de chacun de ces chefs en particulier,

---

(1) Nous présumons que le troisième chef était de saint Léger, évêque de Vienne et bienfaiteur du monastère, comme son successeur saint Thibaud. Mais nous ne savons rien de positif à cet égard. Tandis que celui de saint Theudère et celui de saint Thibaud sont de notoriété historique.

(2) M. Pallu, entrepreneur de travaux publics à Grenoble.

n'est pas évidente pour le moment, elle peut le devenir dans la suite, et par le concours de quelques circonstances inattendues ou de découvertes ultérieures.

En tout cas, ce sont des chefs de saints, et saint Theudère comme saint Thibaud se trouvent là incontestablement.

On voit à quelle intention nous avons fait revivre ces souvenirs; mais le vœu qui se dégage de cet exposé, dût-il ne pas se réaliser, il nous resterait une satisfaction : celle d'avoir montré la vénération profonde dont les ossements des élus étaient l'objet dans les siècles de foi, de la part de nos aïeux (1).

(1) Pour la justification de tout ce que je viens de dire, à propos de la chapelle ardente, j'en réfère aux architectes de l'église, notamment à MM. Quenin et Pallu. — J'ai appris dernièrement que cette chapelle avait saint Martin pour patron. (V. l'enquête sur les dégâts commis par les huguenots, — plus bas.)

III

ENCORE UN MOT SUR SAINT THEUDÈRE.

Un seul homme, se demande-t-on peut-être, peut-il bien exécuter tant de travaux? Où saint Theudère a-t-il trouvé et les ressources nécessaires pour construire non-seulement quatre églises, mais les maisons claustrales avec leurs dépendances qui y étaient jointes, et le personnel religieux indispensable à ces divers établissements, et enfin le temps suffisant pour tout organiser et pour former les jeunes disciples à la vie monastique?

Saint Theudère répondrait : *Je puis tout en Celui qui me fortifie. — C'est par la grâce de Dieu que je suis ce que je suis, et cette grâce n'est point restée stérile en moi, mais elle opère toujours avec moi.*

Quant à nous, ne perdons pas de vue que l'époque où vivait le Bienheureux était l'âge d'or de la vie cénobitique. Une sainte émulation à se dépouiller des biens de la terre pour servir Dieu dans la solitude, se manifestait de toutes parts parmi les fidèles, et ceux que des engagements retenaient dans le monde, voulaient au moins se procurer le mérite de contribuer, par de pieuses libéralités, à la construction de monastères et à la dotation des serviteurs de Dieu. Vives étaient alors et la foi et la piété, et jamais la famille des Saints ne parut plus florissante.

Au sein de cette milice qui n'aspirait qu'à triompher du monde et du démon, se montraient çà et là quelques hommes de Dieu, doués du don des miracles, pratiquant un genre de vie extraordinaire et attirant sur eux, quoique malgré eux, l'attention de la foule. Chacun aspirait à les prendre pour guides dans l'œuvre du salut, à se ranger sous leur conduite, et ces vénérables patriarches, les saint Benoît, les saint Colomban et tant d'autres que nous avons déjà nommés, se voyaient obligés, pour abriter ces âmes éprises de l'amour des choses célestes, d'élever à la hâte des maisons de prière, où le bruit du monde ne pût pénétrer.

Saint Theudère, une des grandes physionomies ascétiques de l'époque, avait sa place marquée parmi ces hommes d'élite destinés par la Providence à diriger le mouvement de rénovation qui se manifestait dans la société du VIᵉ siècle, tant éprouvée par les invasions des Barbares. Issu d'une famille illustre, ayant tout abandonné pour enrichir les pauvres de Jésus-Christ, afin de pratiquer lui-même la pauvreté évangélique, et portant sur son front l'auréole de la sainteté, que lui manquait-il pour captiver la foule et l'entraîner à sa suite, à la conquête du royaume des Cieux?

S'il est vrai que tous les Saints aient un côté sail-
lant, une vertu d'un éclat plus accentué et dominant,
il nous semble que l'union avec Dieu, que l'amour de
la contemplation soit le trait caractéristique de cette
grande âme. Certes, il n'est pas de vertu que Theudère n'ait pratiquée à la perfection. Son historien nous
le dépeint si humble, que la dignité sacerdotale l'ef-
frayait, et que, devenu prêtre, il s'estimait le dernier
de ses frères et affectionnait la dernière place, même
parmi ses inférieurs; et si versé dans la mortification
et la pénitence, qu'on ne pourrait *dire combien modique était la nourriture qu'il prenait, combien rude son
cilice*, etc. Toute sa vie nous le montre comme un
homme de grande charité, puisqu'il se consume au
service des âmes, et qu'il renonce en faveur des pauvres aux séduisantes perspectives d'une fortune considérable; et comme animé d'un zèle ardent pour la gloire
de Dieu, qui le rend capable de tout, puisque nous
sommes à nous demander encore comment il a pu mener à fin diverses grandes œuvres dans le cours de sa
carrière. Mais saint Theudère est par-dessus tout
l'homme de la contemplation. Nous ne le voyons jamais qu'à la recherche de la solitude. Les rivages
silencieux, les profondes forêts, les déserts solitaires,
ont pour lui un attrait séducteur. Plein d'amour pour
ses semblables, en qui il voit des âmes à élever vers
Dieu, il fuit en même temps la société, et le monde
semble ne lui inspirer que du dégoût. C'est dans l'éloignement du vain bruit d'ici-bas que son âme se dilate

et que son cœur s'embrase; il y éprouve les extases,
les anges lui apparaissent et les secrets du ciel lui sont
manifestés. Se développant par degrés, cet attrait pour
la solitude, ce désir de se trouver seul à seul avec son
Créateur, finit par prendre chez lui les proportions
d'une sorte de passion dominante. Il ne veut plus, à
la fin, tourner vers autre chose que vers son Dieu, les
regards amoureux de son cœur. On dirait cet auguste
exilé de la céleste patrie, atteint et souffrant d'une
sainte nostalgie, qui le mine insensiblement, pour
faire arriver plus vite le jour de la délivrance. Aussi
nulle *harmonie, aucune saveur d'ici-bas n'eût été capa-*
ble de le distraire de la pensée de Jésus-Christ (1). L'impatience de ses désirs lui ouvre le ciel. Il voit les mi-
lices célestes, les phalanges des esprits bienheureux,
les apôtres, les martyrs, le chœur des chastes épouses
du Christ, et son âme se pâme dans une joie inénarrable. Il semble enfin que la Jérusalem céleste n'ait
plus de mystères pour lui et que les légions de ses
heureux habitants passent successivement sous son
regard attendri.

Il résultait de cette union du Bienheureux avec son
Dieu, de ces communications ininterrompues de son
âme avec les esprits célestes, que tous ses vœux
étaient exaucés, et que le ciel, se faisant son complice
dans ses pieux desseins, mettait la main à l'œuvre

----

(1) Non sonus, non cibus ullus, præter Christum, suavis. —
Saint Adon.

avec lui d'une manière souvent visible. Comment une
si belle âme eût-elle été privée du don des miracles?
Comment la nature, même insensible, eût-elle pu lui
désobéir?

Aussi les opérations surnaturelles se multiplient
autour de lui. Saint Adon, qui en rapporte quelques-
unes, en laisse supposer une infinité d'autres : Rappelons et sa première entrevue avec Césaire, où les
deux saints se saluent par leurs propres noms; et la
voix du ciel qui lui indique le Val-Rupien d'abord, où
d'un signe de croix il exorcise les reptiles dont les dé-
mons se sont emparés pour exciter leur rage contre
lui, puis, l'emplacement de son oratoire sur la Gère;
et sa prière confiante au pied du coteau prêt à crou-
ler, qu'il conjure avec une autorité obéie, de respecter dans sa chute les fondations de sa basilique de
Saint-Eusèbe, etc. Mais à la fin, le vénérable historien renonce à raconter toutes ces œuvres merveil-
leuses; celles qui s'opèrent autour de la cellule du
reclus: les infirmes, rendus à la santé, les possédés,
délivrés du démon, les âmes tout à coup converties,
consolées, etc.

Après qu'il a rendu son âme à Dieu, le Saint semble vouloir rendre plus éclatants encore les témoignages de son crédit dans le ciel : son corps glacé se
montre à son gré tour à tour extrêmement lourd et
extrêmement léger, le vin est multiplié, la vue est
donnée à l'aveugle de naissance, le paralytique recou-
vre l'usage de ses membres, les flambeaux se multi-

plient à la cérémonie de sa sépulture, de manière
qu'on croit voir, dans le spectacle inattendu d'une
brillante illumination, quelque chose de la splendeur
de cette cité sainte, où il n'y a d'autre soleil que le
Christ. Enfin le tombeau du Bienheureux reste chargé
de montrer, à travers les âges, comment le Tout-Puissant se plaît à honorer ses élus.

Tel se montre saint Theudère, un grand contempla-
tif et par là même un thaumaturge, le grand thaumaturge de la province viennoise au VIe siècle.

FIN DE LA PREMIÈRE PARTIE.

DEUXIÈME PARTIE.

ABBAYE DE SAINT THEUDÈRE

CHAPITRE I.

DÉVASTATION ET RESTAURATION DE L'ABBAYE.

C'est vers la fin du IXe siècle seulement que nous retrouvons dans l'histoire quelque mention du monastère construit par saint Theudère au Val-Rupien. Nous savons, par la tradition, qu'antérieurement à cette date il fut saccagé par les Sarrasins ; mais l'époque précise de ce désastre, dont nous ignorons d'ailleurs les détails, ne nous est pas connue. Ce que nous savons aussi, c'est qu'un essaim de moines y vivait en paix sous l'épiscopat de saint Adon (860 à 875), soit qu'ils y eussent été réinstallés après le passage des *païens*, soit que la dévastation n'ait eu lieu qu'après ce prélat ; et en effet, c'est à ces moines qu'Adon adresse la vie de leur saint Fondateur, les exhortant à marcher sur ses traces, et les félicitant de posséder au milieu d'eux les dépouilles toujours miraculeuses de leur vénéré père.

Ce n'est que peu de temps après le pieux auteur de la vie de saint Theudère, c'est-à-dire en 890-91, que Barnoin, son deuxième successeur sur le siége de Vienne, met la main à la restauration de ce monastère « réduit à une ruine presque complète par les malheurs du temps. » Voici les circonstances qui donnèrent lieu à cette rénovation de l'abbaye : sous le règne de Louis l'Aveugle, fils de Bozon et de la célèbre Hirmengarde, et second roi du royaume rétabli de Bourgogne, que les enfants de Clovis avaient incorporé à la France, on vit arriver à Vienne, cherchant un asile, les malheureux moines de Montirandel, en Champagne (Montier-en-Der, Haute-Marne), violemment chassés de leur monastère par les Normands, qui mettaient tout à feu et à sang dans les riches contrées que ces moines venaient de quitter en toute hâte.

Ils portaient avec eux, spectacle touchant! les ossements de saint Berchaire, leur patron, fondateur de leur abbaye.

Touchée d'une infortune si intéressante, la pieuse Hirmengarde s'empressa de conférer avec l'évêque Barnoin sur les moyens les plus efficaces d'y remédier. Le prélat conçut l'idée d'envoyer ces moines au monastère de Saint-Theudère, les autorisant à s'y établir, à y vivre sous la règle de Saint-Benoît, et à en restaurer les édifices délabrés. La sanction du Souverain Pontife devenant nécessaire, il se rendit à Rome avec l'abbé Adalric, supérieur de la communauté, et obtint du pape Formose une charte d'approbation et de confirmation du nouvel établissement.

Le pape autorisait pleinement les nouveaux religieux de Saint-Theudère à mener la vie cénobitique selon les prescriptions de saint Benoît, à relever leurs cloîtres et à faire toutes autres réparations jugées nécessaires ; les évêques de Vienne ne devront leur imposer aucune dure servitude, aucun voyage onéreux, aucune réception dispendieuse, ni exiger d'eux d'autre cens que celui qui était imposé pour la fête de saint Theudère, et qui consistait en une livre d'argent payable à la fin de l'année. Il était prescrit avec rigueur que l'élection de l'abbé se fît en toute liberté selon la règle bénédictine, et que les moines eussent la facilité de recourir, au besoin, à la suprême autorité du Souverain Pontife. Enfin des anathèmes étaient prononcés contre quiconque porterait atteinte aux biens qu'ils possédaient ou qu'ils pourraient recevoir dans la suite.

Ce *précepte* porte, dans le spicilége de d'Achéry, la date de 891.

Barnoin octroya lui-même aux nouveaux religieux de Saint-Chef un *privilége* dont la lecture est intéressante. Il porte, dans Luc d'Achéry, la date de 881, mais c'est par erreur ; car comme il est de la quatrième année du règne de Louis l'Aveugle, fils et héritier de

Bozon, c'est la date de 894 qui lui convient. Cette remarque a été faite avant nous.

Barnoin autorise donc les moines de Montier-en-Der,
à occuper les cloîtres de Sainte-Marie et de Saint-Theudère, abbé, et à y faire fleurir la règle de Saint-Benoît.
Et comme ils se montrent pleins de zèle pour la restauration de leur église et de ses dépendances, le prélat,
secondant les vœux du jeune comte Hugues, qui est confié à leurs soins (1), s'occupe de leur créer des revenus
qui leur permettent de mettre la main à l'œuvre, tout
en servant Dieu avec une plus grande sécurité.

Il leur concède d'abord tous les droits que lui et son
archidiacre possèdent, pour se les être attribués en
vertu des *usages anciens*, sur certaines églises que des
hommes pieux et charitables avaient inféodées ou unies
à l'abbaye.

En lisant attentivement le texte, on voit que les cens
et revenus de ces églises, ou de ces paroisses, apparte-
naient à l'abbaye de prime-droit, mais que l'évêque
s'en était réservé une quote-part, et que c'est de cette
quote-part qu'il fait ici l'abandon en faveur des moines.
Ces églises sont : celle de Saint-Didier de *Lépiac* (Saint-
Didier-de-Bizonnes. Lépiac est un petit lac qui se trouve
dans cette localité); celle de Saint-Didier près de la
villa Pinus (Saint-Didier de la Tour-du-Pin), avec toutes ses dépendances; celle de Saint-Pierre *in villa Mer-*

_____

(1) *Qui ibi pro temporalibus et spiritualibus pro sensus capaci-
tate est alitus alimentis.*

catoris (Saint-Pierre-d'Alarone-du-Marchy — voir ce que nous avons dit sous ce titre), avec une chapelle de Saint-Etienne-de-Fontenaz qui en dépend ; celle de la *villa Decimiaca* (Dizimieux) ; celle de Saint-Babylas *in villa Viniaca* (Vignieux) ; enfin celle de Saint-Maurice-d'Arcisse, *in villa Arsisia, quæ est caput ipsius abbatiæ,* de laquelle ladite abbaye tire son origine. Remarquons l'emploi du mot *abbatia* pour le petit monastère qu'on relève à Saint-Chef *cœnobiolum sancti Theuderii,* et aussi l'orthographe déjà modifiée de la *villa Assisia,* qu'on écrit *Arsisia,* pour dire plus tard Arcisse.

Il veut, en outre, que ces hommes de Dieu puissent percevoir, sans conteste d'aucun genre, les dîmes des terres qu'ils possèdent ou posséderont à l'avenir dans tout le territoire de son diocèse, afin que la louange de Dieu et le service des pauvres en reçoivent un précieux accroissement dans cette maison de prières.

Il ajoute à leurs revenus certains fonds et certaines vignes situées en face de l'église de Saint-Babylas-de-Vignieux, joignant les terres et les vignes que cette abbaye possède en ce lieu, puis une portion de bois et un serf nommé Déodat, ainsi que son épouse, qui sont attachés à cette propriété. Ces biens avaient fait partie autrefois des terres de l'abbaye, mais ils lui avaient été enlevés par les vassaux. Il leur remet aussi la quote-part que, d'après les usages anciens, il avait attribuée à Geroïno, son homme de confiance, *fideli nostro,* telle qu'il la prélevait sur le domaine de Vignieux.

Enfin, l'évêque Barnoin nomme trois hommes libres, possesseurs des biens de l'abbaye, qui, touchés du péril que court leur âme, sont venus le trouver et le prier de rendre aux moines la jouissance des terres dont ils veulent bien se dépouiller en leur faveur.

C'est *Romestagnus* qui donne une terre en friche *coloniam absam*, qu'il distrait de son domaine de la villa *Lusciniaca*, en dehors de l'*immunité* de Saint-Theudère appelée *colonicas*. — Cette localité, *lusciniaca*, nous paraît être *Salagnon*, ou bien *Olouises*, au-dessus de Crucilleu, car il va être dit qu'elle est en face de Soleymieu. C'est *Heldegarius* qui donne aussi des terres en friche, *terras absas*, situées vis-à-vis la localité sus-nommée, *juxta prædictam colonicam*, et en un lieu appelé Soleymieu *villa Solemniaca*, ainsi que les serfs qui y résident. C'est *Samson*, qui distrait de son bénéfice une terre, *colonicam absam*, située *in villa Vassiliniacá* (Vasselin), avec une femme nommée Theutberge et ses enfants.

Tout cela rentre à l'abbaye, est remis à l'abbé Adalric et à ses religieux, pour l'honneur de Dieu, pour se rendre favorables saint Theudère et les autres saints, pour la tranquillité de l'âme des donateurs et pour la satisfaction personnelle de l'évêque.

Suivent des anathèmes contre quiconque contreviendra aux présentes dispositions : Qu'il soit excommunié sa vie durant, et qu'il ne reçoive, à la mort, d'autre sépulture que celle qu'on donne aux êtres privés de raison — *asinorum sepulturam*.

Toutes ces dispositions, ces donations et ces priviléges sont encore approuvés, et confirmés à la date de
896, par le roi Louis l'*Aveugle*, deuxième roi du nouveau royaume d'Arles ou de Bourgogne, lequel fait ce
précepte en vue d'augmenter ses mérites devant Dieu,
et aussi pour se rendre agréable à son auguste mère
Hirmengarde qui, de concert avec l'évêque Barnoin, a
concédé le monastère de Saint-Theudère à Adalric et à
ses moines.

Le religieux prince ne termine pas sa charte sans
recommander beaucoup aux moines de Saint-Chef de
n'obéir à aucune injonction, dans l'élection de leur
abbé, mais de faire cet acte en toute liberté, selon la
règle de Saint-Benoît (1). Telles furent les circonstances
qui favorisèrent le rétablissement du monastère de
Saint-Chef, et tels aussi les personnages qui y donnèrent leur concours.

Cependant, la paix ayant été bientôt rendue à la
Champagne, l'abbé Adalric et ses religieux s'empres-
sèrent de retourner à leur monastère de Montier-en-
Der, mais ils laissèrent un certain nombre de leurs
frères à Saint-Chef pour y poursuivre l'œuvre de restauration entreprise.

Deux fléaux, nous en trouvons un éloquent témoignage à Saint-Chef, avaient donc sévi à la fois et successivement sur l'Eglise, dans une partie de la Gaule, et
spécialement dans la province viennoise. Ces deux

(1) Luc d'Achery.

fléaux sont l'invasion musulmane et la dilapidation des biens ecclésiastiques. La ville de Vienne avait été réduite par les barbares à un tel état de dévastation, que l'évêque Austrobert, fuyant loin de son siége, était allé mourir de chagrin dans un exil volontaire. Et bien que Charles Martel *eût brisé et froissé ces estranges nacions comme le martiau brise et froisse le fer et l'acier*, ces hordes sauvages ne laissèrent pas de souiller encore nos belles provinces durant de longues années, puisque nous voyons l'évêque Isarn, de Grenoble, occupé, au commencement du xᵉ siècle, de confier à quelques nobles hommes le soin de sauvegarder son diocèse contre les incursions de ces païens *(Voir note* K).

Pour comble de malheurs dans la maison de Dieu, le saccage des monastères fut comme le signal de la dilapidation des biens ecclésiastiques, par les vassaux. Ce fléau, non moins funeste que le premier, fit encore le désespoir d'un autre évêque de Vienne, saint Villicaire, qui alla s'ensevelir et finir ses jours dans le monastère d'Agaune, fuyant, comme son prédécesseur, le spectacle d'une église réduite à la dernière détresse. La vue de tant de calamités — *désolation et abomination dans le lieu saint* — fait croire généralement à la fin des siècles, et c'est l'an mil dont l'heure va sonner qui verra finir le monde.

Cependant pour réparer les maux de l'Eglise, le pape et les évêques font des efforts incessants. Un concile est tenu à Vienne en 892, sous la présidence de l'évêque Barnoin et à l'instigation du pape Formose;

et le premier soin des Pères réunis est de frapper d'a-
nathèmes les détenteurs des biens monastiques qui ne
se hâtent pas de faire de légitimes restitutions. L'insistance que mettent les souverains, soit temporels, soit
spirituels, à recommander la libre élection des abbés
dans les maisons claustrales, nous fait connaître une
autre plaie de l'Eglise à l'époque où nous sommes, —
l'ingérence des puissants du monde dans les affaires
intérieures des abbayes.

Mais nous sommes à une époque de retour et d'ex-
piation : soit que les excommunications ecclésiastiques
réveillent des remords dans les âmes coupables, soit
que la persuasion de la fin des temps inspire à tous une
crainte salutaire, on rend les biens usurpés à Dieu et à
ses saints.

Ces restitutions, spontanément faites à l'abbaye du
Val-Rupien, et qui sont une juste réparation, témoignent de la prospérité dont l'œuvre de saint Theudère
avait joui et de la sympathie qu'elle avait rencontrée
dans les populations; car les hommes pieux desquels
elle tenait, dès le principe, ces biens qu'on lui restitue
aujourd'hui, n'avaient été mus à faire ces libéralités
que par la haute estime en laquelle ils tenaient les
serviteurs de Dieu, que par le désir d'entrer en parti-
cipation de leurs mérites, et de reposer, après leur
mort, auprès d'eux, dans l'enceinte de leurs cloîtres
silencieux.

Interrompu par les calamités que nous venons de
dire, cet état prospère de l'abbaye va reprendre son

cours, et, durant plusieurs siècles encore, nous constaterons l'heureuse édification qu'elle répand autour d'elle.

—⁂—

CHAPITRE II.

RESTAURATION DE L'ABBAYE.

(Suite.)

Si des restitutions ont été faites jusqu'ici au monastère de Saint-Theudère, c'est une donation proprement dite et très-importante qu'il reçoit maintenant (923) de la libéralité de ce pieux comte Hugues de Provence, dont nous avons déjà parlé, et qui, présentement, occupe le trône de la Bourgogne laissé vacant par la mort de son parent Louis l'Aveugle. Ce prince, qui avait été élevé à Saint-Chef, avait pour père Thibaut, comte de Provence, et pour mère, Berthe, fille du roi Lothaire. Il est remarquable que son consentement ait été nécessaire à Barnoin pour doter l'établissement, et que ce soit à sa prière que les restitutions dont nous avons parlé aient été opérées. Ce qu'il faut noter aussi, c'est que dans l'acte de donation que nous allons traduire, il paraisse possesseur de terres importantes dans les localités environnant l'abbaye, et qu'il rappelle la donation déjà faite par lui ou sa famille, dans des temps antérieurs, de l'église de Vezeronce.

Nous verrons ce pieux souverain, qui est le troisième roi du royaume rétabli de Bourgogne, finir ses jours dans l'abbaye de Saint-Pierre de Vienne, après y avoir pris l'habit et fait les vœux monastiques, pour conquérir une couronne plus brillante et plus durable que celle qu'il a portée sur la terre.

Mais résumons l'acte par lequel il se montre si bienveillant envers les moines de Saint-Theudère :

« *Au nom du Seigneur, Dieu éternel, Hugues,*
roi par la divine Providence,

» Nous ne doutons point que nous n'augmentions nos mérites devant Dieu, si nous contribuons ici-bas à la prospérité des établissements religieux. C'est pourquoi, pour l'honneur de Dieu, pour le salut de notre âme et de celles de nos bien-aimés parents, nous donnons, par les présentes, au monastère de la Bienheureuse Vierge Marie et de Saint-Theudère, tous les biens que nous avons acquis du nommé Enigrinus, homme libre, et tel qu'il les possédait dans les localités suivantes : la villa Comugniaco (inconnu) et les villas Boriaco et Posiaco (Boirieu et Poisieu, sur Chozeau), la villa Muneriaco (inconnu), les villas Bontiaco et Madelliaco (le Bontoux et la Madeleine, sur Saint-Chef), avec toutes leurs dépendances, comme maisons, terres, vignes, champs labourables, prés, landes, cours d'eau, moulins, serfs de l'un et l'autre sexe, etc. Et nous entendons lui en garantir la propriété contre toute opposition que ce puisse être.

» En outre, nous donnons au même monastère toute la propriété que nous avons acquise dans la villa *Rispatis*, d'une femme nommée Anne, avec toutes ses dépendances et les serfs de l'un et de l'autre sexe attachés à cette terre. Et aussi tout le domaine par nous acquis de Gultivo et de Rutberto et leurs héritiers, domaine situé dans la villa *Corbeliano* (Corbelin) avec les vignes, les serfs qui en dépendent, et notamment le serf Berno, avec son épouse, ses fils et ses filles.

» Nous confirmons de même, par les présentes, la donation déjà par nous faite autrefois à la même abbaye de Sainte-Marie et de Saint-Theudère, savoir : de l'église de Saint-Martin-de-Vezeronce, avec toutes ses dépendances, serfs, terres, vignes, paquerages, forêts, moulins, décours d'eaux, leydes et corvées ; et enfin avec tous ses droits.

» Nous voulons donc que ladite abbaye, son abbé et ses moines possèdent à perpétuité, quelque opposition qui puisse y être faite, tous les biens qui lui ont été donnés ou qui le seront dans la suite, et cela sous la garantie de notre autorité souveraine.

» Mandons que tous ses biens soient affranchis de tout droit et toute servitude, sans qu'aucune prétention puisse être admise à leur endroit. Et que nul homme ne puisse, de quelque autorité qu'il soit revêtu, y tenir des plaids, y établir des servitudes, même sous prétexte d'intérêt public, et y saisir un fugitif sans la permission expresse de l'abbé. Que si quelqu'un contrevient aux présentes dispositions et viole l'*immunité* que nous octroyons, nous le condamnons à payer cent livres d'or du meilleur titre, dont la moitié sera acquise à notre trésorerie, et l'autre audit monastère, à son abbé et à ses moines. Suivent la signature et le sceau. Donné la veille des ides de novembre, l'an de l'incarnation de N.-S. J.-C. 923 (1), l'an 3 du règne du pieux Hugues. A Vienne, au nom de J.-C.

» Amen. »

Ce fut peu de temps après cet acte, que ce prince prit l'habit religieux dans le monastère de Saint-Pierre, qu'il avait rebâti, laissant la couronne d'Italie à son fils Lothaire, et celle de Bourgogne à Rodolphe Ier.

La mémoire de ce haut personnage, formé aux lettres et à la pratique de la vertu par les moines de Saint-Chef, et qui se montra si bienveillant et si généreux envers ces religieux, a dû rester longtemps en vénération dans l'abbaye de Saint-Theudère.

Quelles que soient les critiques que soulèvent aujourd'hui ces largesses en faveur des couvents, dont

_____

(1) On trouve aussi la date de 928. Ce précepte se trouve dans D. Louvet, biblioth. de la Grande-Chartreuse.

les richesses ont été l'occasion de quelques abus qu'on ne peut dissimuler, mais qui n'ont été que partiels ou momentanés, tandis qu'on se donne le tort de les exagérer considérablement, il n'est pas moins vrai que de très-pieuses et très-droites intentions inspiraient ces libéralités. Quel meilleur emploi pouvait-on faire des richesses de ce monde, de la *mamone d'iniquité*, que de les consacrer à procurer aux serviteurs de Dieu, dans les temps de la ferveur monacale, une plus grande liberté pour vaquer à leurs saints exercices, et plus de moyens de subvenir aux nécessités de leurs frères malheureux, dont leurs maisons étaient le refuge et la ressource? A qui pourrait-on reprocher d'accroître le temporel des hommes voués au service de Dieu, afin de se procurer une part dans leurs prières et leurs mérites, d'avoir sa sépulture dans leurs cloîtres et de n'être point privé de leurs suffrages après la mort? Quant aux églises qui leur étaient données par de puissants seigneurs se dépouillant en faveur de l'abbé, du patronage à eux dévolu, n'avaient-elles pas tout intérêt à être rangées sous la juridiction de l'abbaye. Le service religieux n'y serait-il pas mieux fait, et l'instruction religieuse mieux départie à la population, quand la charge de pourvoir à tout cela incomberait au supérieur d'un monastère, qui le plus ordinairement était un homme de grande vertu, quelquefois un saint? En prélevant certains revenus sur telle paroisse, dont il devenait le patron, le monastère restait chargé, on le

sait, de pourvoir à la décence du culte, à la propreté
du lieu saint, et à tout le service religieux.

Il faut se garder aussi d'assimiler les serfs, dont il
vient d'être question, aux anciens esclaves du monde
païen. L'ancien esclave n'avait ni patrie, ni famille, ni
rien en propre. Il ne connaissait d'autre Dieu que son
maître, et d'autre religion que les procédés au moyen
desquels on l'abrutissait. Considéré comme un objet
de trafic, il était exposé et vendu sur les marchés publics, et impitoyablement séparé, le plus souvent, de la
femme et des enfants qu'il lui aurait été permis par
hasard de se donner. Le serf chrétien, au contraire, ne
passe à un nouveau maître qu'avec la métairie qu'il
cultive et dont les produits le nourissent, ainsi que sa
famille, et dont il transmet la jouissance à ses descendants. Il est époux et père selon les lois de l'Eglise, et
ni l'instruction ni les secours religieux ne lui sont mé-
nagés. Ranger cette classe de la société sous la houlette
du chef de l'abbaye n'était-ce pas assurer son bien-
être, son éducation et son salut?

Nous pourrions faire d'autres remarques à propos
de ces chartes. *Nul ne pourra saisir un fugitif sur les
terres de l'abbaye.* C'était faire revivre les anciennes
villes de refuge établies par Dieu lui-même chez le
peuple hébreu. Dans une société comme celle des
XIe et XIIe siècles, où il n'y avait pas de justice d'Etat,
et où chaque famille et même chaque individu était autorisé à se faire justice lui-même, il arrivait souvent
que l'innocent, accusé à faux, devenait la victime de

ses accusateurs. Dépourvu de tout moyen de se disculper, il trouvait un protecteur en même temps qu'un juge dans l'abbé du monastère, qui entendait les deux partis et procurait une conciliation équitable. Rendre la justice sur ses terres était ainsi pour l'abbaye non pas seulement un droit, mais un devoir de charité, car c'était empêcher les querelles des particuliers de dégénérer en luttes de vive force, dont les résultats étaient souvent désastreux.

La guerre était alors, en effet, à l'état permanent, et elle ne se faisait pas seulement entre seigneurs, comme on le croit trop généralement, mais entre toutes les classes de la société. Il en était des familles et des individus, comme il en est aujourd'hui des souverains : n'ayant personne au-dessus d'eux à qui ils pussent demander justice, ils la demandaient à la force, à la ruse et parfois à la perfidie. Et tout horrible qu'il était, cet état de choses était toléré et passait pour légitime (1). C'était donc un grand service que les monastères rendaient à la société au moyen âge, en se portant médiateurs entre les villages, les familles ou les individus. Et, dès lors, il était rigoureusement interdit à qui que ce fût de *tenir des plaids sur les terres des monastères*. Ces terres offraient ainsi le spectacle de paisibles oasis au milieu des conflits et des luttes fratricides dont les alentours étaient souvent le théâtre.

(1) V. Ch. Giraud, *Hist. du Droit français au moyen âge*.

Et plus prépondérante était l'autorité de l'abbaye, plus vaste son *immunité*, plus aussi s'élargissait le cercle de son action tutélaire. Les ordres riches répondaient, dans les desseins de la Providence, aux besoins de leur époque, comme plus tard les ordres pauvres et mendiants ont répondu et fait face à des besoins nouveaux.

D'ailleurs, tout en protégeant, en défendant et en nourrissant le pauvre peuple, le moine, qui ne possédait rien en propre, n'oubliait pas qu'il s'était engagé à pratiquer, pour son compte, la pauvreté de J.-C. Se dépouiller et se priver soi-même est le moyen d'enrichir ses frères, et plus l'homme se fait pauvre dans l'intérêt de son semblable, plus il trouve et voit se multiplier sous sa main les ressources destinées à le secourir, le moine le savait.

Quelle qu'ait été l'importance des institutions religieuses venues plus tard, il est certain, remarque M. Henrion, que l'âge d'or de la vie monastique a été réalisé par les Bénédictins. Le prestige qui leur revenait de la haute protection des souverains qui se faisaient fondateurs de leurs maisons, où ils allaient quelquefois finir leurs jours, l'admiration qu'ils provoquaient chez les populations rurales par leur vêtement pauvre, leur nourriture grossière et leur assiduité aux pénibles travaux des champs, la libéralité avec laquelle ils subvenaient, grâce aux ressources accumulées par l'économie et le travail, aux nécessités des malheureux, toujours bien accueillis à leur porte, tout cela leur valait un grand crédit auprès des fidèles. Et c'est grâce à la vénération dont on les entourait, et que rien n'a altérée depuis le vi^e jusqu'au xiie siècle, qu'ils étaient devenus tout-puissants pour faire le bien.

CHAPITRE III.

ÉDIFICATION DE L'ÉGLISE ACTUELLE DE SAINT-CHEF.

Nous arrivons à une époque glorieuse pour l'Eglise de Vienne et pour celle de Grenoble, sous le rapport des restaurations et des fondations de monastères. De grands prélats, comme la Providence en suscite quand il y a des ruines à réparer, illustraient les siéges que nous venons de nommer. C'étaient, à Vienne, les Thibaut, les Burchard, les Léger, et Guy de Bourgogne, qui devint pape ; et à Grenoble, l'immortel saint Hugues. En même temps, le trône était occupé, — après les princes religieux dont nous avons déjà parlé, — par des souverains généralement encore favorables à l'Eglise : les Rodolphe et les Conrard, puis les Dauphins, qui, faisant leur apparition sous Conrard le Salique, en la personne de Guigues le Vieux (1040) qui en est la souche première, porteront dignement le sceptre delphinal jusqu'en l'année 1349, où ils le transmettront au roi de France par la main d'Humbert II, leur dernier descendant (Voir note L). Sous ces princes généralement bons, et grâce au zèle et aux libéralités de quelques prélats éminents et aussi de quelques séculiers d'élite, on vit réédifier, entre autres églises, celle de Saint-Maurice de Vienne, les abbayes de Saint-Pierre, de Saint-André-le-Bas et de Saint-André-le-Haut, celle de Romans et celle de Saint-Theudère.

Mais de nouveaux établissements religieux surgissent aussi de toute part : c'est Saint-Antoine, en 1070; la Grande-Chartreuse, 1084; Bonnevaux, 1117; le couvent de Laval-de-Bressieu, transféré plus tard à la Côte-Saint-André, 1119; les Ecouges, 1173, et un peu plus tard la Chartreuse de Prémol, 1234; et celle de Salette dans la baronnie de la Tour, 1299.

Le monastère de Saint-Theudère eut donc sa part dans cette œuvre de restauration et réédification générale.

Les pauvres moines venus de Champagne avaient eu assez à faire, pour se loger dans les vieux cloîtres du vie siècle, d'en réparer les débris et d'en rejoindre les tronçons encore existants. Mais la prospérité croissante de la communauté rendait nécessaire la construction d'une maison monacale et d'une église qui fussent en rapport avec l'importance que prenait l'établissement; la Providence vint à leur secours. Et deux archevêques de Vienne, saint Thibaut et saint Léger, vont mettre la main à l'œuvre. Le premier, issu des comtes de Champagne et de Brie, occupa le siége métropolitain, entre Sobon et Burchard, pendant une quarantaine d'années (952-996). Il couvrit la province viennoise de ses libéralités, en même temps qu'il l'embauma du parfum de ses vertus. Il ne pouvait oublier le monastère de Saint-Chef, où sa jeunesse s'était écoulée dans l'étude des lettres et l'apprentissage de la vertu, et d'où il avait été tiré pour monter sur le siége épiscopal.

Aussi s'empressa-t-il d'y entreprendre d'importantes constructions, et notamment de jeter les fondations de l'église encore existante, qui est un monument de son zèle et de ses largesses. Cependant, il ne lui fut pas donné de mener son entreprise à fin, et c'est saint Léger, son deuxième successeur, qui achèvera l'édifice commencé.

Saint Thibaut fut reporté à Saint-Chef, comme l'avait été saint Theudère, après sa mort, et ses dépouilles mortelles furent longtemps en grande vénération dans cette abbaye. Sa statue ornait, avec celle de saint Theudère et celle de saint Léger, le riche portail de l'église actuelle; trois statues qui furent brisées par le marteau des Vandales du XVIe siècle.

Une inscription sur marbre en belles lettres gothiques du XIVe siècle, et bien conservée, fait mention d'un chef d'argent donné à saint Thibaut, par Jean de Saint-Genest, sacristain de l'abbaye. La voici en partie :

ANNO : DOMINI : M : CCC : LXII : FECIT :
FIERI : CAPUD : BEATI : THEOBALDI : IN
ECCLESIA : PRESENTI : FRATER : JOANNES :
DE : SANCTO : GENISIO : SACRISTA :
SANCTI : THEVDERI : ITEM : MAGNUM :
CALICEM : PONDERIS : QVATVOR : MARCIS :
ARGENTI : ITEM : PLANTAVIT : VINEAM :
JVXTA : LOREPLAT : AD : OPVS :
SACRISTI : ITEM : DEDIT : VINEAM :
FAETE : CANTUERE : BEATE : MARIE
VIRGINIS : ITEM : ...

Cette inscription peut se traduire ainsi : L'an de
N.-S. 1362, frère Jean de Saint-Genest, sacristain de
Saint-Theudère, a fait faire le chef du bienheureux
Thibaut, dans l'église de céans, de même qu'un grand
calice du poids de quatre marcs d'argent. De même, il
a planté une vigne près le Replat, pour l'œuvre de la
sacristie. De même, il a donné la vigne du Fayet à la
chantrerie de la B. V. Marie. De même, etc.

Ce chef de saint Thibaut était un reliquaire en forme
de chef pour contenir la tête du saint et l'offrir à la
vénération des fidèles. Il a été enlevé par les hérétiques (1). Voilà donc deux chefs qu'on vénérait dans
le monastère, celui de saint Theudère, ce qui est

(1) Ces sortes de reliquaires, d'écrins précieux en forme de tête,
de bras, de jambe, étaient très-répandus dans le moyen âge.
M. de Caumont en donne divers spécimens dans son *Bulletin
archéologique*.

affirmé par divers auteurs, notamment par Chorier et le P. Touron (1), et celui de saint Thibaut. Nous présumons, nous l'avons dit, mais sans garantie, que le troisième chef, trouvé avec les deux dont nous parlons, sur l'autel de la chapelle ardente décrite précédemment, était celui de saint Léger. Saint Thibaut est le dernier des évêques de Vienne honoré d'un culte public dans l'église entière; saint Léger ne l'a été que dans le diocèse de Vienne (2). Nos martyrologes font mention d'un autre Thibaut des comtes de Champagne, qui fut ermite, et dont la vie se trouve dans Godescard au 1er juillet. Il était neveu de celui-ci et cousin de Rodolphe III, successeur de Louis l'Aveugle et de Hugues de Provence, au royaume de Bourgogne, ce qui fait supposer une parenté entre les Thibaut de Provence ou de Bourgogne et ceux de Champagne. Et comme les nouveaux moines de Saint-Theudère étaient venus de la Champagne, on s'explique aisément les rapports de bienveillance existant entre ces princes et ce prélat d'une part et l'abbaye d'autre part. En tout cas, l'origine de la dénomination *Saint-Chef* est bien authentiquement établie par l'existence de ces chefs divers dans le monastère de Saint-Theudère.

Saint Léger, qui remplaça sur le siége de Vienne, en 1029, l'évêque Burchard, successeur immédiat de

(1) *Vie du cardinal Hugues de Saint-Chef.*
(2) Ces deux prélats doivent être joints aux saints protecteurs de Saint-Chef, énumérés plus haut.

Thibaut, était aussi d'origine princière, et les vertus qu'il fit paraître pendant un épiscopat qui fut pareillement d'une quarantaine d'années, car il ne mourut qu'en 1069, lui valurent un culte de vénération aussi générale que profonde. Il était parent des rois de France, Robert et Henri. Sa vie fut extrêmement laborieuse, et il combla de ses générosités les maisons monastiques comme les instituts charitables de sa province. Il acheva la réédification de son église de Saint-Maurice, que ses prédécesseurs avaient laissée inachevée, et il en fit orner le chœur en pierres précieuses. Voici, en ce qui concerne Saint-Chef, ce que dit de lui l'historien du Dauphiné : « Léger était d'une si haute » naissance, qu'il était de famille royale, et d'une si » grande vertu, qu'il ne laissa échapper aucune occa- » sion de faire le bien. Il releva l'église et l'abbaye de » Saint-Chef, dont saint Theudère était le fondateur. » Elle était tombée en ruines, et il la rétablit dans l'é- » tat où elle est encore aujourd'hui. Elle est un illustre » monument de son bon goût et de sa munificence. » Aussi on voit sa statue au-dessus du portail avec » celle du saint anachorète. Cette reconnaissance lui » était due (1). »

Il resterait à nous demander quelle a été la part dans la restauration des cloîtres et la construction de l'église de Saint-Chef, de chacun des deux illustres prélats auxquels en revient le mérite.

(1) Chorier, *Hist. du Dauphiné.*

A défaut de renseignements historiques à cet égard, le caractère architectural de l'église, étudié avec soin, nous offre quelques indications assez précises ; et comme la description de ce monument religieux nous semble trouver sa place ici, nous saisissons l'occasion de l'emprunter à un juge plus compétent que nous en cette matière (1).

« Deux styles sont nettement formulés dans la basilique de Saint-Chef, le style latin et le romano-byzantin primaire. Le premier fut usité du IVe au XIe siècle, et le second au XIe.

» Le plan de l'église est celui d'une croix latine. Trois nefs règnent dans sa longueur jusqu'aux transsepts. La nef majeure a de largeur 9 mètres 15 centimètres. Les nefs latérales ont chacune 3 mètres 875 millimètres. Les piliers ont, à leur base, un mètre carré, largeur totale, 18 mètres 90 centimètres. La largeur prise de l'extrémité d'un transsept à l'autre est d'environ 29 mètres. Les murs ont une épaisseur de 1 mètre 50 centimètres.

» La longueur du vaisseau jusqu'aux transsepts est de 26 mètres 80 centimètres, et depuis les transsepts jusqu'au fond de l'abside, 19 mètres 10 centimètres, longueur totale, 39 mètres 90 centimètres. L'élévation de l'édifice est en harmonie avec son plan.

» Pour établir une concordance entre les dates historiques et les deux styles dont se résume l'ensemble

_____

(1) M. Teste, architecte et archiviste de Vienne.

du monument, nous établirons d'abord une délimitation. Tout le vaisseau renfermant les trois nefs appartient au style latin, et a été élevé par saint Thibaut
dans la dernière moitié du Xe siècle. Construit en une
pierre-molasse, dont la carrière est perdue, il se compose de sept travées d'arcades dont la retombée a lieu
sur des piliers primitivement carrés, munis d'une simple imposte, taillée en biseau. Des fenêtres de moyenne
dimension ont leurs archivoltes formées de moellons
appareillés sans interposition de briques. Les murs sont
construits dans le petit appareil.

» Le plan primitif de l'édifice devait être celui d'une
basilique sans transsept, terminée par une abside
accompagnée de deux chapelles. Le chœur était placé
en avant de l'abside et occupait deux travées. Cette
disposition pourrait être démontrée par l'existence de
trous pratiqués, par deux et par trois, dans le tympan
de deux arcades correspondantes, et aboutissant à des
vases de poterie, dans le but de répercuter la voix des
chantres (1). Cette même disposition a été remarquée
dans la basilique d'Ainay, de Lyon, avant les restaurations qui ont dénaturé le caractère de ce vénérable
temple.

» La basilique de Saint-Theudère ne fut pas desti-

_____

(1) M. Teste ne perd-il point de vue que dans les églises
claustrales, tous les moines étaient chantres et qu'on les comp-
tait alors par centaines. Leurs stalles occupaient la grand'-
nef, tandis que le célébrant était seul dans le chœur avec ses
officiers.

née à recevoir des voûtes, mais de simples lambris, comme celle de Saint-Pierre de Vienne. Un toit à deux pentes couvre les trois nefs dont l'existence n'est accusée à l'extérieur que par la disposition de trois fenêtres à plein cintre sur la façade.

» Nous avons dit, dans notre premier article, que l'archevêque de Vienne, Barnouin, vers la fin du IXᵉ siècle, forma le chapitre de Saint-Chef, qui avait été détruit, de quelques moines de Montirandel, en Champagne, qui s'étaient réfugiés dans son diocèse après avoir été chassés de leur monastère par les Normands. Nous pourrions sans être en opposition avec les règles de la science monumentale, attribuer à ce prélat la construction de la partie de l'édifice que nous avons décrite ; mais si nous mettons en parallèle la question du rétablissement du monastère de Saint-Chef par quelques moines, avec la grandeur des proportions des trois nefs de la basilique, nous serons fondé à reporter la date à un siècle environ plus tard, à une époque d'accroissement, et à regarder l'archevêque saint Thibaut comme le véritable édificateur, ainsi que nous avons essayé déjà de le démontrer. Cette époque sera la deuxième moitié du Xᵉ siècle.

» Les transsepts et l'abside appartiennent au style romano-bysantin primaire (XIᵉ siècle). L'archevêque saint Léger aurait fait construire cette partie importante de l'édifice. A la même époque aurait été refait le mur de la façade, ainsi que le témoigne le même appareil moyen, les chapitaux des colonnettes des fenê-

tres, et les piliers engagés, munis de deux demi-colon-
nes. Aucune coupole ne s'élève à l'intersection des
transsepts qui devraient être couronnés par des tours;
celle de droite a seulement un premier étage. L'abside
est flanquée de quatre chapelles voûtées comme elle,
en quart de sphère. Les grands arcs sont supportés par
des piliers à colonnes engagées; les petits arcs reposent
sur des colonnettes. C'est ici que règnent la richesse et
l'harmonie des lignes et des masses. Au-dessus des
transsepts s'élèvent des tribunes (*triforium*) percées de
trois arcades. Ces deux tribunes ont une communica-
tion visuelle par le moyen d'arcs géminés ou écrans,
ouverts au-dessus des grands arcs du chœur. Un escalier à vis, pratiqué dans l'épaisseur du mur, donne
accès dans ces tribunes. Celle de gauche est remarquable par la fondation d'une chapelle dont nous devons
donner une courte description. Elle appartient à la
deuxième moitié du XIIe siècle, et les peintures qui dé-
corent les murailles et les voûtes datent de cette époque. L'ornementation est empruntée à l'architecture
romano-byzantine secondaire. Un petit autel s'élevait
dans l'abside, sur un pavé en mosaïque formulant d'é-
légants rinceaux. Nous reproduisons en toutes lettres,
en conservant son orthographe, une inscription peinte
derrière l'autel, sur le mur de l'abside, et rapportant
la dédicace de cette chapelle :

CONSECRATVM. EST. HOC. ALTARE.

IN. ONORE. DOMINI. NOSTRI. JHESU.

XRISTI. ET. SANCTORVM. ARCHANGELORVM.

MICAELIS. GABRIELIS. ET. RAPHAELIS.
ET. SANCTI. GEORGII. MARTYRIS (1).

» Sur la voûte en arc de cloître, le peintre a représenté le paradis......, etc. (2).

» La basilique de Saint-Theudère subit une restauration considérable à la fin du XVᵉ siècle. L'on abattit alors les angles des piliers carrés de la nef majeure, pour leur donner la forme octogonale, et on les décora de bases et de chapiteaux à moulures. Les lambris et les combles furent relevés; ces derniers prirent la forme aiguë. La façade fut décorée d'un portail à deux baies, d'une délicatesse et d'une richesse d'exécution remarquables, et une rosace fut établie au-dessus de la fenêtre centrale.

» En terminant notre aperçu descriptif, nous ferons remarquer le rapprochement de style du chevet de la basilique de Saint-Chef, avec celui d'une grande partie de l'église d'Ainay, de Lyon, dont nous avons donné une esquisse monographique dans la *Revue du Lyonnais*. Nous trouverons aussi des parties homogènes dans la basilique de Saint-Pierre de Vienne.

» Des travaux considérables ont été entrepris par les ordres du gouvernement pour l'assainissement de l'église de Saint-Chef, dont l'abside et le flanc septen-

(1) Cet autel a été consacré en l'honneur de Notre-Seigneur Jésus-Christ et des saints archanges Michel, Gabriel et Raphaël, et de saint Georges, martyr.
(2) Cette description a déjà été reproduite à la page 96.

trional étaient ensevelis de près de cinq mètres, sous
un terrain à pente rapide. Ce terrain, consacré depuis
longtemps aux sépultures, présentait plusieurs étages de
tombes; il a été enlevé et un chemin de ronde protégé
par un bon mur de terrasse, en pierre de Trept, règne
dans cette partie de l'édifice. Il est indispensable que
ce chemin soit continué au sud; le gouvernement ne
saurait laisser imparfaite une œuvre si bien commen-
cée. Des reprises en pierre de Trept ont été faites partout où les dégradations le réclamaient, et l'on doit les
plus grands éloges à l'architecte, M. Quenin, dont l'ha-
bileté dans la conception et la direction a su mener à
bien des travaux remplis de difficultés. Les entre-
preneurs ont rivalisé de zèle et d'abnégation de leurs
propres intérêts, en poursuivant sans hésiter, des travaux que le devis n'avait pu prévoir. N'oublions pas
de mentionner que des restes d'antiquités romaines
ont été découverts dans les fouilles et déposés dans la
chapelle supérieure que nous avons décrite. Le bénitier de l'église est lui-même porté sur un cippe romain
sans inscription.

» Jusqu'à présent, des travaux de simple construction ont seuls été exécutés pour les réparations urgen-
tes de l'église de Saint-Chef; des travaux d'art devront
plus tard avoir lieu, et nous appelons d'avance la sollicitude du Comité des arts et monuments sur leur or-
donnance, afin de n'avoir pas à déplorer des actes irré-
parables comme en ont déjà subis d'autres monuments.
Nous prions aussi le Comité de décider que les inscrip-

tions qui existaient à l'extérieur de l'église, dans les
cloîtres aujourd'hui détruits, et qui ont été enlevées
des murailles pour les soustraire aux actes de vandalisme, soient scellées dans l'intérieur de l'église dans
un lieu convenable (1). L'une de ces inscriptions est
remarquable par son ornementation; elle est du XIIIe
siècle, et a été signée par le sculpteur : VLDRICVS. ME.
FECIT (*sic*). C'est un nouveau nom à ajouter à la liste
des artistes du moyen âge. »

(1) Il a été fait droit à ce désir.

CHAPITRE IV.

LE CARDINAL HUGUES DE SAINT-CHEF.

Nous avons déjà vu sortir de Saint-Chef, après saint
Theudère, divers personnages illustres. Le moment
arrive, soit parce que nous touchons à l'époque où il
vivait, soit parce que son histoire se lie à celle de l'abbaye, de parler d'un autre enfant de ce même pays,
qui n'est rien moins qu'une des gloires de l'Eglise au
XIIIe siècle; il s'agit du cardinal Hugues de Saint-Cher,
— *Cher* au lieu de *Chef,* par une dérivation que nous
expliquerons, — premier religieux de l'ordre de Saint-
Dominique qui ait été décoré de la pourpre. Si ce n'est
pas une biographie du célèbre dominicain que nous
retraçons ici, parce que le cadre de ce livre ne nous
le permet pas, nous ne pouvons nous dispenser d'é-
mettre le vœu, eu égard à la grande place qu'occupe
ce personnage dans la pléiade des hommes remarqua-
bles qu'a produits le XIIIe siècle, que cette biographie
tente quelque plume exercée et capable de traiter un
sujet qui se rattache à une des plus glorieuses périodes
de nos annales religieuses.

Hugues, qui mourut à Orvieto (Italie), en 1263, était né à Saint-Chef même (1), vers la fin du XIIᵉ siècle, d'une famille connue sous le nom de Célidorio, et qui était originaire de Bourgoin. Doué d'un excellent naturel, d'un esprit juste et élevé, le jeune Célidorio fut envoyé de bonne heure, après ses premières études faites à l'abbaye de Saint-Chef, aux écoles publiques de Paris.

Après avoir achevé dans l'université de cette ville son cours de philosophie et de théologie, et avoir obtenu le grade de bachelier en cette dernière faculté, il aborda, avec non moins d'ardeur et de succès, l'étude du droit canonique. Au reste, ses talents ne faisaient que mettre davantage en lumière des vertus auxquelles chacun aimait à rendre hommage, et quand il ouvrit un cours public de droit, l'affluence de ses auditeurs et leur attachement à sa personne lui prouvèrent l'estime que l'on faisait à la fois de son caractère et de son savoir. Il recevait en même temps une marque de haute confiance, capable de retenir dans le monde une âme plus facile à séduire : le prince Guillaume de Savoie, fils de Thomas Iᵉʳ, le chargeait de ses affaires à Paris.

Cependant, ni les préoccupations de l'étude, ni l'admiration de ses élèves, ni la perspective d'un brillant avenir ne parvenaient à captiver son cœur. Il était secrètement tourmenté d'un vif désir de se consacrer

---

(1) Voir les historiens dauphinois et les diverses biographies des Dominicains, notamment les PP. Touron et Richard.

à Dieu d'une manière plus absolue, en entrant dans quelque ordre religieux. Comme il était tout entier à la méditation de ce projet, il vit venir à lui, pour lui ouvrir son cœur sur un dessein analogue, un jeune homme qu'il avait remarqué parmi ses élèves, et qui, issu d'une famille illustre, et comme lui, né dans le Dauphiné, avait été doué des dons les plus riches de la nature et de la grâce : nous parlons d'Humbert de Romans. Hugues encouragea ce jeune prédestiné, et, remarquant qu'il hésitait entre l'ordre de Saint-Bruno et celui de Saint-Dominique, il lui conseilla ce dernier. « Moi-même, lui dit-il, j'éprouve le même attrait et j'ai conçu un dessein semblable au vôtre; seulement je ne puis pas le réaliser immédiatement. Il faut auparavant que j'expédie les affaires de Monseigneur Guillaume de Savoie. Mais prenez sans crainte les livrées de saint Dominique, et soyez sûr que je vous suivrai de près. » Humbert reçut l'habit de dominicain le 30 novembre 1224, et son maître, fidèle à sa promesse, le rejoignit le 22 février de l'année suivante. C'était une insigne recrue pour l'ordre des frères prêcheurs, dont ils eurent l'un après l'autre la haute direction.

Ainsi voué à la vie religieuse, Hugues continuait à orner son esprit de toutes sortes de connaissances, en s'appliquant avant tout à sanctifier son travail par sa ferveur dans la pratique de ses devoirs de religion.

En 1227, et deux ans seulement après son entrée dans l'ordre, son mérite le fit appeler à la direction de la province de France. Après un provincialat de quatre ans, il fut relevé de sa charge pour être poussé aux grades supérieurs de l'université : il reprit donc ses leçons sous frère Roland de Crémone, ancien et célèbre professeur de l'université de Bologne, le premier dominicain qui ait reçu le grade de maître en théologie dans l'université de Paris.

L'enfant de Saint-Chef obtint bientôt lui-même ce titre ambitionné, et il fut ainsi le second dominicain à qui l'université l'ait conféré.

Les intérêts généraux de l'Eglise ne mettaient pas moins que ceux de son ordre son infatigable dévouement à contribution. Il fut un des quatre théologiens que le pape Grégoire IX envoya en Orient pour travailler, comme nonce apostolique, à la réunion de l'Eglise grecque à l'Eglise latine. Cette délicate et importante mission ne réussit pas au gré de ses désirs, et ses démarches auprès de l'Empereur Valace, comme les efforts qu'il fit au concile de Nymphée, convoqué à cette occasion, n'eurent d'autre résultat que de le convaincre une fois de plus, lui et ses collègues, que l'obstination schismatique des évêques et du clergé était le plus grand obstacle à la réunion des deux Eglises.

Rentré à Paris, où nous le retrouvons en 1236, Hugues ne cherchait le repos que dans les travaux qu'il jugeait les plus utiles à la gloire de Dieu. C'est dans cette pensée qu'il conçut le projet de la *concordance* des saintes Ecritures. Encouragé par le bienheureux Jourdain de Saxe, supérieur général de l'ordre, il se livra à cette entreprise avec tout le zèle qu'elle réclamait. On

rapporte que cinq cents religieux dominicains travail-
lèrent sous ses ordres à mener à fin une œuvre qui, en
facilitant les recherches et les rapprochements, devait
rendre de si importants services.

Certes, nous avons mieux aujourd'hui en ce genre
que l'ouvrage de l'infatigable religieux, mais ce n'est
que grâce à son travail qu'on est parvenu à ajouter
quelque perfectionnement à l'œuvre dont il eut la première idée et dont il fit les premiers frais.

Aussi, la *concordance* de la Bible, qui fut le principal
fruit de ses veilles et de sa patiente activité, suffirait
seule à éterniser sa mémoire. Et cet immense réper-
toire, qui nécessita la division de l'Ecriture sainte en
chapitres et en sections (la division par versets se fit
plus tard), a rendu des services inappréciables, non-
seulement au point de vue de la connaissance rendue
plus facile des livres saints, mais encore par rapport
à l'étude des saints Pères, et même des auteurs pro-
fanes; car une foule d'ouvrages analogues à celui-ci,
composés depuis sur diverses branches des sciences
humaines, ont eu pour résultat une grande diffusion
de lumières en ce qui touche l'histoire, la philologie et
même la grammaire.

Le nom du zélé dominicain est désormais le symbole
de la science et de la vertu. Aussi, étant appelé une
seconde fois à diriger la province de France dans les
sentiers de la perfection, on le voyait sans cesse parcourir les diverses maisons de l'ordre pour y soutenir
et ranimer la ferveur, pour corriger ou prévenir le re-

lâchement, stimuler les courages, embaumer en quelque
sorte chacune de ces pieuses retraites du parfum de ses
vertus.

Mais l'année 1238 vit mourir Jean de Saxe, le premier
successeur de saint Dominique, et il fut question de lui
donner un remplaçant dans le généralat. Le chapitre
général fut, à cet effet, convoqué à Bologne. On vit à ce
synode, disent les révérends Pères Bollandistes, deux
hommes éminents : nous ne parlons pas d'Albert
le Grand, connu et révéré du monde entier, mais
de Hugues de Saint-Chef ou de Saint-Theudère, alors
provincial de France, plus tard cardinal, et de Yvon,
provincial de terre sainte. Au jour fixé, tous les Pères
se rassemblèrent dans le cloître pour l'élection, mais
le scrutin se trouva balancé; en effet, deux partis s'é-
taient formés : les uns tenaient pour Albert le Grand,
c'étaient les Allemands; et les autres — les Français
— avaient opté pour Hugues de Saint-Theudère, tandis
que le reste des Pères s'était partagé entre ces deux
candidats. On recommença une deuxième et une troisième fois : le résultat fut le même. Alors les religieux,
attristés de ce que les électeurs ne pouvaient tomber
d'accord, appréhendant même qu'ils ne rentrassent
chacun dans sa province (la rumeur en circulait), sans
avoir donné un chef à un ordre qui devait produire
tant de bien, se mirent en prière devant le corps vénéré
de leur patriarche saint Dominique. Tout à coup, et
pendant leur oraison, un religieux eut une extase dans
laquelle il vit tous les électeurs élevant dans le temple

une grande colonne rougie de gouttes de sang, et attei-
gnant jusqu'au faîte de l'édifice.

Comme ce frère se réjouissait de cette vision, on
donna le signal d'un nouveau scrutin et les Pères nom-
mèrent à l'unanimité le vénérable Raimond, qui se
trouvait à Barcelone, et auquel personne n'avait songé
jusque-là (1). On envoya aussitôt une députation au
saint homme pour lui faire accepter le fardeau qu'on
venait de lui imposer, et Hugues, qui en faisait partie
et qui était spécialement chargé de cette mission, eut le
bonheur de triompher des résistances du nouvel élu.

Mais Raimond ayant réussi au bout de deux ans à
faire accepter sa démission, ce fut le vénérable Hugues
de Saint-Chef qu'on nomma vicaire général de l'ordre,
jusqu'à la promotion d'Humbert de Romans au généralat.

En 1240, Hugues, en sa qualité de provincial, faisait
sa visite au couvent de Liége. Une grave question divi-
sait alors le clergé de cette ville. L'éminent théologien
ne pouvait manquer d'être consulté sur le fond du dé-
bat, et son sentiment, en préparant la décision du
Saint-Siége, allait doter l'Eglise d'une de ses fêtes les
plus gracieuses et les plus populaires. Exposons la
cause de cette agitation des esprits. Vers la fin du
XIIe siècle, on avait fondé, près de Liége, au pied du
mont Cornillon, un établissement religieux consistant
en un hôpital pour les lépreux et un couvent de pieu-

(1) Voir les Bollandistes, *Vie de saint Raimond de Pennafort.*

ses filles destinées à soigner les malades et à élever les jeunes personnes.

Parmi ces saintes filles se trouvait une âme tout particulièrement favorisée du Ciel, et qui se distinguait surtout par un ardent amour pour le Dieu caché sous les voiles eucharistiques. Lorsque Julienne — c'était son nom — s'approchait de la sainte Table, elle était touchée d'un sentiment ineffable de piété et de ferveur. Et cette humble fille allait être un instrument dont Dieu se servirait pour l'extension du culte envers la sainte Eucharistie. Comment l'Eglise, se disait la pieuse servante de Dieu, dans l'excès de son zèle, n'a-t-elle point songé encore à établir une fête solennelle en l'honneur du sacrement des autels? Et une vision dont Dieu la favorisa pendant longtemps lui persuadait qu'elle devait s'employer elle-même à la réalisation de ce vœu. Ayant donc été élue supérieure, en 1230, elle crut le moment venu pour elle de s'occuper de ce religieux projet, et ce sont les ouvertures qu'elle fit à cette intention qui avaient fait naître quelque agitation dans la ville. Malgré l'avis favorable de l'évêque de Liége, malgré l'assentiment d'autres prélats et théologiens distingués, son dessein rencontrait des adversaires nombreux et difficiles à se laisser convaincre.

C'est dans ces dispositions que le provincial trouva les esprits à son arrivée à Liége.

On s'empressa de le consulter. L'entrevue qu'il eut avec la bienheureuse Julienne lui fit d'abord une impression favorable; puis, ayant considéré toute cette affaire avec la plus sérieuse attention, il déclara que non-seulement rien ne lui paraissait faire obstacle à l'institution de la fête désirée, mais encore qu'il considérait son établissement comme éminemment conforme aux sentiments d'adoration et de reconnaissance que les hommes doivent à Dieu et comme souverainement profitable aux fidèles. Dès lors, les hésitations cessèrent, et l'évêque de Liége, Robert de Torote, s'occupa immédiatement de prendre les mesures requises pour la faire célébrer et la rendre obligatoire dans toute l'étendue de sa province; mais la mort le surprit avant qu'il eût examiné et approuvé l'office nouveau qui devait y être adapté.

Hugues, qui reparaissait onze ans plus tard dans la même ville, en qualité de légat du pape Innocent IV, eut à revoir lui-même ce nouvel office, et il lui donna son approbation. Alors il eut la pensée d'inaugurer en personne cette fête du saint Sacrement, pour donner à tous les fidèles un éclatant exemple du zèle avec lequel il entendait qu'elle fût célébrée dans la suite.

La nouvelle que le légat célébrerait lui-même la première fête du Dieu eucharistique, attira à l'église de Saint-Martin-du-Mont une affluence considérable. Le zélé dominicain prêcha à la messe avec beaucoup de chaleur sur l'amour que Jésus-Christ nous témoigne dans son sacrement, et sur l'obligation qui en résulte pour tous de le payer de retour. Et pour que la nouvelle institution jetât dans les cœurs des racines qui en assurassent la perpétuité, non-seulement il y attacha des indulgences, mais il publia à son sujet divers mandements ou instructions, dont plusieurs ont été conservés. Le pape voulant, bientôt après, étendre cette fête à toute la chrétienté, se servit, pour en recommander la pieuse célébration, des considérations que son légat avait développées (1).

Hugues eut une grande part à tout ce qui fut réglé au concile tenu à Lyon en 1245, et où l'empereur Frédéric fut frappé d'excommunication. C'est lui-même qui était allé recevoir à Suze le Souverain Pontife Innocent IV, qui venait le présider, et ce fut à son arrivée à Lyon que ce pape lui conféra la dignité de cardinal-prêtre, avec le titre de Sainte-Sabine, pour reconnaître son dévouement aux intérêts de l'Eglise. C'est dans ce concile, le premier de Lyon et le treizième œcuménique, qu'il fut statué, dit Chorier, que les cardinaux porteraient la couleur rouge, *pour leur être un souvenir qu'ils devaient toujours être prêts à verser leur sang pour Jésus-Christ.*

L'humble dominicain ne se résigna à l'acceptation de cette haute dignité, que sur l'ordre formel du Souverain Pontife.

Après ce concile, où les affaires furent promptement

---

(1) On sait que cette fête fut célébrée pour la première fois en France, en l'église de Saint-André-le-Bas, à Vienne, lors du concile œcuménique tenu dans cette église en 1311, par le pape Clément V, et que l'office composé par saint Thomas d'Aquin est celui qui a été définitivement adopté.

expédiées et pendant le séjour que le pape faisait à Lyon, les religieux du Mont-Carmel s'adressèrent au Saint-Siége pour demander une explication de leur règle qui semblait à plusieurs d'entre eux ou obscure ou trop austère. Le Pape confia cette révision au nouveau cardinal, qui s'acquitta de la commission avec autant de diligence que de succès. Et longtemps après cette époque, sainte Thérèse écrivait : « Nous observons la » règle de Notre-Dame du Mont-Carmel, sans aucune » mitigation, telle que le P. Hugues, cardinal de Sainte- » Sabine l'a ordonnée et qu'elle a été confirmée par le » pape Innocent IV. »

Le cardinal de Saint-Chef n'oublia point, dans son élévation, le monastère de son pays natal, et dès l'an 1247 il s'employa, pour témoigner sa bienveillance et sa gratitude aux moines de Saint-Theudère, à l'acte d'union des prieurés de Jailleu, de Saint-Alban, de la Tour-du-Pin et de Crémieu à l'abbaye de Saint-Chef.

C'était étendre sur ces églises la juridiction comme la sollicitude paternelle de l'abbé. Le prieuré uni était une sorte de succursale de la maison-mère qui y entretenait un essaim de moines se recrutant chez elle et vivant de sa vie. Lorsque plus tard l'abbaye, laissant pénétrer dans son sein quelque relâchement dans la discipline religieuse, prêtera le flanc à la critique, il ne manquera pas de censeurs pour blâmer la trop grande extension donnée à sa juridiction et à sa puissance, mais l'on ne saurait inculper rétroactivement de généreux bienfaiteurs qui, n'étant pas tenus de

connaître l'avenir, et, touchés des vertus dont le monastère était embaumé de leur temps, ne se préoccu-
paient que du soin d'en étendre le parfum sur une
plus grande étendue de pays. Pour savoir que ces donations ou ces incorporations étaient inspirées par la
pensée d'un plus grand bien, il ne faut que faire attention à la qualité de ceux qui y prêtaient la main : un
saint Hugues, évêque de Grenoble (voir plus haut), et
un autre Hugues, humble dominicain devenu cardinal,
à propos duquel nous sommes presque à nous demander pourquoi on ne lui donne pas, à lui aussi, le titre
de saint.

Le pape Innocent IV, se disposant à repasser en Italie, envoya le cardinal de Sainte-Sabine en Allemagne,
pour y soutenir, par sa présence et par l'autorité de
ses conseils, les intérêts de la religion, se confondant
avec ceux du candidat à l'empire qui était Guillaume
de Hollande. Durant le cours de sa légation, Hugues
réforma de nombreux abus qui ne s'étaient que trop
enracinés, tant parmi les peuples qu'au sein du clergé
d'Allemagne.

A la mort du vénérable dominicain, arrivée le 19
mars 1263, le pape Urbain IV et tous les cardinaux de
son entourage se rendirent à ses funérailles, célébrées
à Orviéto, avec la plus grande pompe. Un an après la
déposition de ses dépouilles à Orviéto même, on en fit
une exhumation publique pour les apporter à Lyon.
Elles furent trouvées complétement exemptes de toute
atteinte et de toute marque de décomposition. Arrivés

à Lyon, ces restes vénérés furent inhumés dans l'église des Jacobins, qui était celle de l'ordre dans cette ville. C'est cette église, profanée et entamée pendant la révolution de 93, et renversée sous la restauration, qui a servi d'emplacement aux lourds bâtiments de la préfecture actuelle. Le sceau du cardinal se voit encore aux archives de la préfecture lyonnaise. Il est attaché à un bref publié par lui pour promulguer, d'après les ordres du pape, les indulgences accordées en vue de favoriser l'achèvement de l'église primatiale de cette ville. Il est en cire. Au centre se voit l'effigie du savant religieux, et tout autour cet exergue :

S : Fris : Hug : tt : Ste : Sabine : presb : cardinl :

Sceau de Frère Hugues, cardinal-prêtre de Ste-Sabine.

On peut voir aussi à Lyon la pierre tombale de ce prince de l'Eglise, avec l'inscription qui y est gravée à la suite de son nom et de ses titres; en voici la traduction : *La sagesse, à sa mort, a subi une éclipse* (1).

Les ouvrages du cardinal-dominicain — nous ne parlons pas de sa *Concordance*, connue de tout le monde — mais ses *Commentaires de l'Ecriture sainte*, ses *Sermons*, son *Miroir du clergé*, etc., sont de plus en plus recherchés et goûtés aujourd'hui.

(1) Cette pierre est conservée dans le musée privé d'un honorable antiquaire de Lyon, qui l'a trouvée chez un marchand de bric-à-brac, et l'a achetée. Son nom nous échappe, mais on peut le trouver dans l'ancienne *Gazette de Lyon*, 1er octobre 1852, article signé Varnet.

Quand on a parcouru la vie si laborieuse, si dévouée et si profitable à l'Église, de ce personnage vénérable dont les dépouilles mortelles furent, un an après sa mort, trouvées exemptes de toute trace et de tout commencement de décomposition, la pensée vient de se demander si jamais l'ordre auquel il a appartenu n'a songé à postuler sa canonisation. Ne semble-t-il pas que son nom ne serait point déplacé dans le catalogue des confesseurs et même des docteurs de l'Église? Qu'on nous permette d'émettre ici, en toute simplicité, le vœu que ses frères et ses successeurs dans l'ordre heureusement ressuscité de Saint-Dominique, voient s'il n'y aurait point quelque chose à entreprendre à ce sujet.

Ce qui est bien mieux de notre compétence, c'est de souhaiter qu'on restitue son vrai nom au célèbre compatriote de saint Theudère. Peu de noms ont été autant altérés que le sien, précisément parce qu'il a subi le sort du nom de saint Theudère lui-même, du nom de saint Chef, si fréquemment défiguré. Il en est résulté que la plupart des auteurs qui ont eu à parler de lui ont ignoré complétement en quel pays il avait vu le jour. C'est au point qu'un de ses historiens l'a fait naître à Barcelone en Espagne, sans qu'on sache ce qui a pu autoriser une méprise si propre à achever d'embrouiller une question qui l'était déjà passablement. Un autre lui donne le nom d'Hugues de Saint-Jacques, à cause de la résidence prolongée qu'il avait faite dans un établissement de ce quartier de Paris.

Mais voici les dénominations sous lesquelles on le désigne le plus généralement : Hugues de Saint-*Theuder*, de Saint-*Théodore*, Hugues de *Saint-Chier*, Hugues de *Saint-Cher*, et en latin : Hugo a *Sancto-Caro*, Hugo *carensis*. Le pays de Saint-Chef portait le nom de son fondateur, Saint-Theudère ; c'est le seul qui se trouve sur les chartes et les inscriptions ; mais il fut changé dans le moyen âge en celui de *Saint-Chef*, à cause du chef de saint Theudère qu'on y vénérait, nous l'avons dit. Or, Saint-Chef se traduit en Saint-*Chier* dans le patois du moyen âge, comme dans le patois actuel. Nous trouvons donc des actes du moyen âge, notamment l'acte de reddition du château de Montcarra, dont nous reparlerons, où le pays est appelé *San-Chier;* de là la dénomination d'Hugues de Saint-*Chier*. Quand la langue s'est épurée, les auteurs qui ont eu à parler d'Hugues ont dit : de *Saint-Cher*. Mais comme on écrivait souvent en latin, on a traduit *Cher* par *Carus*, Hugo à *Sancto-Caro*, d'où l'adjectif : *Hugo carensis*. Tout cela parce que Saint-Theudère, parce que Saint-Chef n'étaient pas suffisamment connus. Et ces deux noms, synonymes dans leur signification, sans avoir aucun rapport de ressemblance, étaient bien faits, à vrai dire, pour augmenter la confusion.

Il faut dire : Hugues de Saint-Theudère ou de Saint-Chef.

En latin : *Hugo à Sancto-Theuderio.*

NOTA. — On trouve dans les œuvres d'Hugues de Saint-

Chef une prophétie concernant l'Eglise, qui est d'une origi-
nalité frappante. En voici la traduction : « Il y aura dans
l'église de Dieu quatre genres de persécutions : la première,
des tyrans contre les martyrs ; la seconde, des hérétiques
contre les docteurs ; la troisième, des avocats contre les gens
simples ; la quatrième de l'Antechrist contre tous. »

Nous laissons à juger au lecteur si le temps présent n'est
point celui de la troisième épreuve, et si les Français, notamment, depuis trop longtemps joués par les discours sono-
res, et séduits par le mirage des paroles retentissantes, ne
méritent pas justement l'épithète de *simples*.

CHAPITRE V.

LES ABBÉS DE SAINT-CHEF.

Les XIIe et XIIIe siècles n'offrent pas de faits bien importants à relater sur l'abbaye dont nous nous occupons. Des actes de donations faites aux moines, des apparitions de leurs abbés comme arbitres dans les différends qui s'élèvent entre seigneurs ou même entre monastères des localités environnantes, sont choses qui n'offrent que peu d'intérêt. Pour relier quelques-uns au moins de ces faits entre eux et leur donner du corps, nous allons les rattacher à la nomenclature des abbés qui ont gouverné successivement le monastère. La date que nous assignerons à chacun de ces abbés sera quelquefois celle de sa promotion, et d'autres fois celle de sa mort, ou même de quelque acte de sa gestion.

Voici donc ceux des abbés de Saint-Chef dont le nom est arrivé à notre connaissance :

1° Saint THEUDÈRE, fondateur. Ses quatre fondations ont dû se faire de l'an 530 à l'an 560, époque de son départ pour Vienne, où il mourut en l'an 575.

2° SEVERIANUS, prévôt de Saint-Theudère et nommé abbé par le saint en 560. C'est en sa faveur et en faveur de ses moines que se fit, à Pont-Evêque, le miracle des outres retrouvées pleines de vin.

3° BELICIO (1), vers l'an 837.

4° ADALRIC, abbé des moines de Montyrandel en Champagne, expulsés de leur monastère par les Normands et établis à Saint-Chef par l'évêque Barnoin, en 890.

5° WIGO; il est fait mention de lui dans le Cartulaire de l'abbaye de Savigni, page 287, 1007.

6° PONTIUS, donné comme douteux par la *Gallia christiana* (2), 1036.

7° ALLEMAND. Son nom se voit dans quelques actes de l'épiscopat de saint Léger, 1070.

8° GUILLAUME. C'est lui qui fit don du mas de Ribat au monastère de Bonnevaux, et qui reçut le prieuré de Tullins avec ses dépendances de l'évêque saint Hugues, de Grenoble (3), 1120.

9° BERNARD-ALLEMAND. Il compte cent sols à Arbert de la Tour, qui lui cède ses droits sur les dimes de Biol (4), 1185.

10° ARBERT D'INNIMONT. Il règle un différend sur-

---

(1) Il est fait mention de *Belicio* dans les lettres de Lamptius, *vice-Domini Lugdunensis*, voir les *Annales ordinis sancti Benedicti* (Mabillon, tom. II, page 593).

(2) On trouve son nom dans un des actes épiscopaux de saint Léger. V. le continuateur de la *Gallia christiana* (abbaye de Saint-Theudère, dernier volume paru).

(3) Chorier, tom II, page 30, *Hist. du Dauphiné*.

(4) Collombet, tom. II, page 89.

venu entre les moines d'Innimont et ceux de Portes, dans le Bugey. C'est sur son avis que Arbert de la Tour dispose de ses possessions par testament et s'embarque pour le pèlerinage de Jérusalem (1), 1190.

11° ALGODIUS ou ARGODIUS. Il apparaît comme témoin et signe une convention intervenue entre les moines des Ecouges et ceux de Bonnevaux, à propos des paquerages de Serczin, près de Bourgoin, lesquels l'abbé des Ecouges prétendait tenir des barons de la Tour, tandis que le monastère de Bonnevaux les revendiquait comme lui ayant été concédés par les chevaliers (*milites*) de Demptézieux. L'archevêque Eynard trancha la difficulté au moyen d'une meilleure délimitation du territoire, et en fixant l'époque de l'année que chacune des deux maisons adopterait pour le pacage, et le nombre de têtes de bétail que l'une et l'autre y conduirait (2), 1203.

12° JEAN DE SAINT-CHEF (le titre d'abbé n'est pas joint à son nom). Il signe un accord par lequel les deux maisons de Saint-Antoine, représentées d'une part par Guillaume, abbé de Montmajour, en tant que soutenant les droits du prieuré de cet établissement, et d'autre part, par Falco, maître de la maison de l'Aumône, réglaient les droits respectifs de chacune

(1) Valbonnais, tom. I, page 182.

(2) *Cartulaire des Ecouges*, publié par M. l'abbé Auvergne, page 105.

d'elles sur les quêtes et oblations, sur la sonnerie des offices, etc. (1), 1208.

C'est vers ce même temps qu'intervient une charte de l'empereur Frédéric II, qui confirme, en sa qualité de suzerain du Viennois, la haute juridiction sur le château de Saint-Theudère et ses dépendances, en faveur de l'archevêque de Vienne (2), 1214.

13º GUILLAUME II, 1229.

14º AYNARD. Il a recours à l'archevêque pour soumettre les bourgeois *(Burgences)* de Saint-Chef qui lui contestent ses droits seigneuriaux sur le pays, 1255.

Il passe un traité avec la dauphine Béatrix en son château de Beauvoir en Royannais, au sujet de leurs droits respectifs sur la terre de Demptézieux, qu'il reconnaît tenir des Dauphins. En vertu de ce traité, il s'oblige à mettre ses vassaux sous les armes pour secourir les Dauphins dans toutes les guerres qu'ils auront entre le Rhône et l'Isère, sauf le cas où la guerre serait faite à l'archevêque (3), 1270.

Cette terre de Demptézieux, devenue plus tard objet de litige entre les comtes de Savoie et les Dauphins, fut attribuée définitivement à ces derniers, sans qu'on sache comment elle avait cessé d'appartenir à l'abbaye

---

(1) V. le P. Dassy, *Abbaye de Saint-Antoine, en Dauphiné.*

(2) Valbonnais, t. II, page 46.

(3) Chorier, tom. II, page 149. — Un autre acte de date postérieure oblige la ville de Saint-Chef à fournir, le cas échéant, cent hommes de pied et une contribution de deux sols par feu.

de Saint-Theudère. Aussi voit-on, à une époque ulté-
rieure, un des descendants de la maison de la Tour,
Jean II, concéder aux moines de Saint-Chef, par privilége daté de Bourgoin le 24 juin 1316, la faculté d'y
paître leurs troupeaux.

15° AYMOND, 1280-1319. Si les Dauphins étaient
suzerains de l'abbaye, en raison du fief de Demptézieux
que l'abbé Aynard avait reconnu tenir de ces hauts
personnages, par contre, l'abbaye se trouvait suzeraine
des Dauphins pour un autre fief que ceux-ci tenaient
d'elle (il est peut-être question de Montcarra). Il résultait de cet état de choses, que l'abbaye et les Dauphins
s'observaient à propos de leurs droits et devoirs respectifs. Ces rapports généralement bienveillants se tra-
duisaient de temps à autre en actes conventionnels sti-
pulant des obligations réciproques; c'est ce qui explique le traité passé entre Aymond, abbé de Saint-Chef
et le dauphin Humbert Ier, au sujet de leurs droits et
devoirs. Cet acte est de l'année 1288.

Humbert se reconnaît obligé de mettre ses troupes
sur pied de guerre pour défendre l'abbaye en toute
occurrence, dans le territoire compris entre le Rhône
et l'Isère, et au delà du Rhône jusqu'à la rivière d'Ain,
à la réserve toutefois de ne jamais combattre l'archevêque de Vienne. Il s'engage à ne rien acquérir sur
les terres de l'abbaye, et à ne point accorder de sau-
vegarde aux vassaux de cet établissement. Il ne con-
traindra point les officiers ou les sujets du monastère
à comparaître devant sa cour, sauf les cas autorisés

par les coutumes. Et s'il arrivait qu'un des vassaux de l'abbé, coupable de quelque délit, se réfugiât dans ses terres ou châteaux, il prenait l'engagement de le remettre aux mains du courrier de l'établissement ou de son lieutenant, à la première réquisition qui lui en serait faite. De son côté, le Chapitre s'obligeait à payer au Dauphin une redevance annuelle de cinquante livres, et en outre, à l'aider de ses vassaux dans toute l'étendue du territoire sus-désigné, sauf toujours le cas d'une guerre déclarée à l'archevêque. Il était stipulé aussi que la garde de l'abbaye ne serait, en aucun cas, confiée à personne autre qu'au dauphin Humbert Ier et à ses successeurs (1). 1288.

Telle est l'importance qu'avait acquise l'abbaye de Saint-Chef. Retranchée derrière un château-fort admirablement situé, commandant à de nombreux vassaux, qui pouvaient au besoin faire respecter son indépendance, elle voyait son alliance recherchée par les diverses cours souveraines du voisinage. « Saint-Chef » était, en ce temps-là, dit Chorier, une petite ville » assez importante pour que son alliance fût recher-

(1) Valbonnais, tom. I, page 237. — Cette charte intéressante mériterait d'être traduite en son entier. Nous en avons donné tout au moins la substance. — Le même auteur cite aussi une bulle du pape Innocent IV (1253), maintenant en faveur du dauphin Humbert Ier, qui avait d'abord été destiné à l'Église, le titre de chantre de l'Église primatiale de Lyon, à lui conféré par l'abbé de Saint-Chef, et cela malgré l'opposition qui y est faite par le chapitre métropolitain.

» chée par le Dauphin et les comtes de Savoie, plutôt
» que de se trouver classée parmi les sujets de ces
» princes (1). »

Le nombre des prieurés qui dépendaient de cet établissement était considérable. Nous trouvons dans
l'almanach de la cour royale de Grenoble, année 1840,
la nomenclature de ceux qui étaient situés dans le diocèse, ceux du dehors nous sont inconnus. Voici les
premiers : Tullins, la Buisse, Penol, Saint-Alban, le
Lieu-Dieu, Chirens, Voissant, Crémieu, Dizimieu, Jail-
lieu, Vezeronce et Curtin, la Tour-du-Pin, Saint-Di-
dier-de-la-Tour, Saint-Didier-de-Marc ou de Bizonne,
Vasselin, Arcisse, la Chapelle-de-Saint-Chef et toutes
les annexes de ces chefs-lieux paroissiaux.

Les droits seigneuriaux de l'abbaye s'étendaient à la
fin sur une grande partie de la province. Un certain
nombre de ces prieurés étaient originairement des fondations faites par l'abbaye, d'autres lui avaient été
unis par de pieux bienfaiteurs qui tenaient ces libéralités pour des œuvres pies au regard de l'abbaye comme
au regard du bien spirituel des communautés unies.
On le voit : prestige religieux, droit judiciaire, autorité
politique, tout se réunissait pour faire de l'abbaye,
une sorte de souveraineté indépendante. C'était comme
un clan religieux et une sorte de tribu lévitique, où la
prière et le travail se partageaient les heures de la
journée, et où la préoccupation dominante était la

(1) Chorier, tom. ii, page 221.

louange de Dieu et la moralisation des populations environnantes. Apprendre à l'homme à prier, l'assouplir, en lui en donnant l'exemple, au travail, à la culture moralisatrice des champs, l'élever au point de vue de la religion et le protéger dans sa vie privée, n'était-ce pas réaliser les nobles aspirations de ces hommes d'élite, que nous décorons du titre de fondateurs d'Ordres?

Mais l'ennemi de tout bien ne cherchera-t-il point à pénétrer dans ces asiles où les hommes semblaient rivaliser de ferveur avec les esprits célestes pour le service et la louange de Dieu? La vertu s'y perpétuera-t-elle sans tache, et la prospérité temporelle qui en semble la bénédiction, ne subira-t-elle aucune éclipse?

Jusqu'ici, et c'est la dernière moitié du XIII⁰ siècle, il n'est apparu aucun indice accusateur touchant la discipline religieuse dans le monastère de Saint-Theudère.

Le moment arrive, moment triste, où il faut signaler des abus. « Les désordres qui se produisirent à Vienne, dit Chorier, après la mort de l'archevêque Guy d'Auvergne, eurent leur écho jusque dans l'abbaye de Saint-Chef, tant sont prompts à se propager les exemples mauvais qui viennent d'en haut (1). » Le prélat qui vient d'être nommé étant mort en 1278, et le siége étant laissé quelques années vacant, cette vacance devint l'occasion de beaucoup d'agitation et de conflits

_____

(1) Chorier, *ibidem*.

dans la ville épiscopale. La bonne harmonie qui ne de-
vrait jamais être altérée entre ceux que leur dignité
élève au-dessus de la masse du peuple pour l'édifier et
le régir, cette harmonie fut troublée par l'esprit de ja-
lousie. Et c'est ce mauvais exemple qui serait devenu
pour le monastère de Saint-Chef, comme un brandon
d'insubordination.

S'il faut en croire Chorier — nous n'avons que son
témoignage sur ces faits, et il ne s'appuie que sur un
historien contemporain qu'il ne nomme pas, et qui
peut n'être qu'un pamphlétaire — une partie des moines auraient été, depuis quelque temps déjà, décriés
pour leurs mauvaises mœurs et leur indiscipline.

Il dit que l'évêque de Valence, jouissant, pendant
la vacance du siége métropolitain, du titre de vicaire
général de l'archidiocèse, crut devoir se rendre, pour y
rétablir l'ordre, au monastère de Saint-Chef. S'étant
d'abord emparé du château-fort pour y établir une gar-
nison, il fit comparaître l'abbé dont la faiblesse et l'im-
péritie avaient causé tout le mal et le gourmanda vivement. Celui-ci, ne trouvant point d'excuse à alléguer
pour sa défense, offrit sa démission, qui fut acceptée.
Puis, l'évêque de Valence ayant fait nommer un autre
abbé, chassé quelques moines obstinés dans la révolte,
et encouragé vivement les autres à rester fidèles au devoir, eut enfin la consolation de voir la discipline reprendre toute sa vigueur dans le monastère. Si les dates
chronologiques sont exactes, c'est l'abbé Aynard qui
aurait été destitué par Guillaume de Valence, et c'est

Aymond qui l'aurait remplacé. Cependant Chorier ne
nomme ni l'un ni l'autre. Aymond est d'ailleurs le dernier abbé de Saint-Chef.

CHAPITRE VI.

DÉCAPITATION DE L'ABBAYE.

En 1283, ce même évêque de Valence fut promu au
siége de Vienne, qu'il occupa jusqu'en 1305. Il eut
pour successeur Briant de Lagnieu, et à celui-ci succéda, en 1319, Simon d'Archiac, qui fut fait cardinal
en 1320.

Ce dernier épiscopat est fatalement mémorable pour
l'abbaye de Saint-Chef. L'abbé Aymond était mort, et
les moines ne s'entendaient pas sur le choix de son
successeur. Deux concurrents : Aynard, moine de Cler-
mont, et Josserand, moine de Saint-Chef, se partageaient les suffrages, et les partis s'obstinaient.

D'ailleurs, les abbés ayant laissé amoindrir leur autorité, les biens du monastère devenaient depuis quel-

que temps la proie des vassaux. Dans cet état de choses, le pape Jean XXII, qui était à Avignon, prit la détermination de réunir la mense abbatiale à l'archevêché, et de conférer à perpétuité le titre abbatial à l'archevêque (Aymard du Rivail, page 453). « Le pape vou-
» lant donc revêtir Simon d'Archiac de la pourpre
» romaine, dit Collombet, fit d'abord deux réunions
» en faveur de la mense archiépiscopale. La première
» fut celle de l'abbaye de Saint-Chef, où les moines ne
» parvenaient ni à se donner un abbé, ni à préserver
» leurs possessions contre les envahissements des sei-
» gneurs voisins. » Les dispositions de la bulle accor-
daient à deux moines claustraux de Saint-Chef et à deux
autres moines des prieurés dépendant de l'abbaye un
droit de suffrage pour l'élection des archevêques, semblable à celui des chanoines de la cathédrale. La seconde réunion fut celle de la mistralie de Vienne et de
la viguerie de Romans (Collombet). Ainsi finissent les
abbés de Saint-Chef. Un grand-prieur régira désormais
la communauté au nom de l'archevêque de Vienne.
Les nouveaux Bollandistes se montrent surpris de voir
le pape recourir à une mesure si radicale, et ajouter
aux revenus d'un évêché déjà fort riche, et cela en faveur de d'Archiac, qu'ils ne trouvent nullement épris
d'ambition. Ils ajoutent que cette bulle de Jean XXII
leur est inconnue et qu'ils doutent de son existence.
Mais nos historiens de Vienne disent qu'elle est aux
archives de Vienne (transportées à Grenoble) et qu'elle
fait partie du rouleau n° 539 (Valb., t. I, p. 238). Cette

bulle porte la date de 1319. Et comme c'est l'année
même du décès de l'abbé Aymond, il apparaît qu'il ne
fut pas donné beaucoup de temps aux moines pour
s'entendre au sujet de l'élection d'un nouvel abbé.
Mais ils s'étaient aliéné la sympathie publique à quelque quarante ans avant cette époque par le bruit vite
répandu de quelques désordres intérieurs ; c'était plus
qu'il n'en fallait pour appeler sur eux cette disgrâce.

Il en est des corporations religieuses comme des particuliers, toute prévarication justifie un châtiment. Et
si les moines de Saint-Chef se voient dépouillés de leur
Eden, si *la couronne tombe de leur tête*, ils peuvent dire
à leur tour : *Væ nobis quia peccavimus!*

<hr>

CHAPITRE VII.

SIÉGE DE MONTCARRA.

Nous... archevêque et comte de Vienne, primat et
vice-gérant du Saint-Siége dans la province viennoise
et dans sept autres provinces, abbé de Romans et de
Saint-Theudère.....
Telle sera désormais la formule qualificative qu'em-

ploieront les archevêques. Mais nous ne saurions trop
dire lesquels l'emporteront des avantages ou des charges que leur vaudra le titre d'abbé de Saint-Theudère.
Le premier fait historique ayant trait à cet ordre de
choses, qui se présente à nous, est une guerre désas-
treuse que l'archevêque Thibaud de Rougemont est
obligé de soutenir en sa qualité d'abbé de Saint-Chef.
En voici brièvement et l'origine et l'exposé : Le chevalier Arthaud Cara (nous ne savons si cette maison avait donné son nom à Montcarra, ou si elle lui
avait emprunté le sien) avait fait bâtir en 1309 le château de cette localité. Son fils, du même nom, n'ayant
point eu d'enfants, institua son héritière Françoise de
Rivoire, qui épousa Guigues de Torchefelon et eut de
lui les deux frères Guy et Jean de Torchefelon, le premier, seigneur de Torchefelon et de Marnas, et le second, de Montcarra et de Chastelard (1).

Ces seigneurs, soutenus par celui d'Urre (dans le Va-
lentinois), refusèrent à Thibaud, dès son avénement
au siége métropolitain (1402), l'hommage qu'ils lui devaient en leur qualité de vassaux de l'abbaye de Saint-
Chef. Celui-ci résolut de les y contraindre par les armes.
Il fit d'abord le siége de Montcarra et le poussa avec
tant de vigueur que les assiégés furent en peu de jours
réduits à capituler. Voici l'acte de reddition, le premier
de cette espèce en langue française, trouvé par Charvet (2) dans les archives de Vienne :

(1) Chorier, tom. I, page 399.
(2) Charvet, archidiacre et historien de la sainte Église de
Vienne, était né à Saint-Savin.

« L'an mil quatre cent deux, XVIIe jour d'avril, Jehan
de Torchefellon et Jean de Urre, rendent et baillent
franchement et quittement, la maison fort de Moncarra,
à très-révérend père en Dieu, messire Thiebaut de
Rougemont, archevêque et comte de Vienne et abbé
de Saint-Chier (Saint-Chef), pour faire de ladite maison
fort, tout à sa propre volonté et plaisir, pour inceu que
ledit monsieur de Vienne, et abbé dessus dit, à la re-
quête de tous les chevaliers et écuers qui étaient pour
lors en sa compagnie, étant pour lors en ladite maison,
leur donne licence de eux en aller ségurément et de
les faire conduire jusques à lieu ségur avec toutes leurs
montures, harnois et deferre, et tout ce qu'ils diront
par leur serment qui sera à eux et parmi eux, aussi
lesdits Jehan de Torchefellon et Jehan de Urre pour
eux et en nom de eux et de tous les autres compagnons
étant pour lors en ladite fort maison promettent et ju-
rent par la foi et serment de leur corps, et de tous les
autres ci-dessoubs contenus de non soi jamais armer,
ne être contre ledit monsieur de Vienne et abbé des-
susdit ne contre son église et sa terre ; et pour tenir
ceste chose ferme et stable, ledit Jehan de Torchefellon
et tous les autres en tant comme il touche à eux pour
leurs parties, et nobles et puissants seigneurs messire
Jehan de Rougemont, chevalier, seigneur de Fontenai ;
messire Gui de Rougemont, chevalier, seigneur de
Royffei ; messire Jehan de Tellay, chevalier ; messire
Antoine, seigneur de Grolé, chevalier ; Jehan de Tho-
ranse, seigneur de Corps, et Etienne Raton, escuer,

pour la partie dudit monsieur de Vienne, ont promis
de tenir fermes et stables les choses dessus dites, en
tant comme il touche ledit monsieur de Vienne. Donné
dans ladite maison de Moncarra, l'an et jour dessus
dits, présents, nobles hommes Philippe du Guey et Prim
de Molant escuers et plusieurs autres. Jehan de Torchefellon, Jehan d'Urre, Giraut de Ruffieu, Pierre Ri-
quaut, Jehan Cheyn, Jehan de Buyn, Jehan d'Ayné,
R. Bastart de Mortel, Jehean de Liége, autrement dit
Quisille, Jehan de Charmer, Pierre de la Fontaine,
Jehan Rogué, Jehan Croissant Anglais, Rotger, Jehan
de Launoy, le Batart de Virieu, Philippe Palet, Jehan
de Malines (1). »

Ce traité de capitulation ne fut pas plus tôt signé,
que les vaincus se mirent en mesure de le déchirer et
de reprendre les armes. Poursuivie avec des chances
diverses de succès et de revers, la lutte devint désas-
treuse pour nos contrées. Les châteaux de Saint-Chef,
de Montcarra, de Seyssuel d'abord, ceux de Torchefelon et de Mantaille ensuite, furent successivement pris
et incendiés (2). La Tour-du-Pin, celle de Marnas et
Quirieu subirent tour à tour les horreurs de la guerre.
La paix ne fut rétablie que par l'intervention du pape
qui envoya le cardinal de Pampelune sur les lieux pour

(1) Charvet, *Hist. de la sainte Eglise de Vienne.*
(2) Celui de Saint-Chef et celui de Montcarra furent relevés,
mais nous pensons que les ruines de Torchefelon et de Mantaille
datent de ce désastre.

se rendre un compte exact de la situation et imposer
d'autorité la cessation des hostilités. Le transfert de Thibaud au siége de Besançon et l'élévation sur celui de
Vienne de Jean de Nant, eurent d'ailleurs pour résultat
une conciliation générale et définitive.

Nous nous scandalisons fort aujourd'hui de voir un
grand prélat marcher à la tête d'une armée, pour la
revendication de quelques droits féodaux. Sans vouloir
excuser entièrement un personnage à l'humeur altière
et belliqueuse, nous devons nous reporter au temps où
ces choses se passaient et ne point oublier les réflexions déjà faites plus haut.

Nous avons dit qu'à défaut de justice nationale pour
trancher les différends qui s'élevaient entre les seigneurs, comme entre les ecclésiastiques ou même les
particuliers, c'était à l'épée qu'on était autorisé à avoir
recours, comme le font de nos jours les souverains. A
vrai dire, cet état de choses était déjà considérablement
amélioré à l'époque où nous nous trouvons, et le roi
saint Louis ne s'était pas épargné à établir des tribunaux qui pussent prévenir ces funestes levées de boucliers, comme aussi la *trève de Dieu* et la *quarantaine*,
premiers résultats obtenus, témoignent des efforts qui
avaient été faits en ce sens; mais il n'est que trop vrai
que les mœurs des peuples sont difficiles et longues
à se modifier, et que les institutions les plus salutaires
ne s'implantent pas dans le cœur d'une nation aussi
vite ni aussi généralement que la chose serait désirable.

Nous pensions trouver le nom des Joffrey de Saint-Chef parmi les signataires de la capitulation de Mont-carra. Saint-Chef a été longtemps, en effet, la résidence d'une branche de la famille noble de Joffrey qui jouissait du château et de la seigneurie de Mériez au-dessus de Bourgoin. C'est à cette branche qu'appartenait Jacques Joffrey, qui succéda auprès de Bayard, comme écuyer et maître d'hôtel, à Humbert de Vaulx, seigneur de Milieu, tué au siège de Mezières. Après le passage de la Sezia, Joffrey était auprès du héros dauphinois, lorsque celui-ci fut mortellement atteint d'un coup d'arquebuse. « Jésus, hélas! mon Dieu! je suis mort! s'écria Bayard, portant à ses lèvres la garde de son épée en forme de croix : *Miserere mei, Deus, secundum magnam misericordiam...* » Il ne put achever; une pâleur mortelle couvrit son visage; mais il ne tomba pas, et il eut le courage de se retenir à l'arçon de sa selle. Jacques Joffrey accourut et le reçut dans ses bras. — Qu'on me descende au pied de cet arbre, dit Bayard, et mettez en sorte que j'aie la face regardant l'ennemi, car je ne lui ai jamais tourné le dos. Joffrey, aidé de quelques gardes suisses, exécuta ses ordres, et le héros, craignant de ne pas voir un prêtre, confessait ses péchés à son brave écuyer. Le jeune gentilhomme fondait en larmes en voyant son maître mortellement blessé. — « Jacques, mon ami, dit Bayard, laisse ton deuil; c'est le vouloir de Dieu de me retirer aujourd'hui de ce monde, où il m'a comblé de plus de biens et de joie que je n'en ai mérité..... » Ensuite, arriva le connétable de Bourbon, qui lui témoignait son estime et sa condoléance. — Ce n'est pas moi qu'il faut plaindre, lui dit le chevalier *sans peur et sans reproche*, mais vous qui portez les armes contre votre roi, votre patrie et votre serment.

Joffrey n'avait pas voulu quitter son maître, qui rendit bientôt le dernier soupir dans ses bras, sous une tente que le général ennemi lui avait lui-même fait apporter pour l'abriter, et où il put recevoir d'un prêtre, arrivé vers les derniers moments, les consolations de la religion. C'était le 30 avril 1524. Le corps du chevalier fut remis à son fidèle gentilhomme avec un sauf-conduit pour le ramener en France. Toutes les populations accoururent pour s'incliner devant la dépouille du preux, et jusqu'à Grenoble, ce ne fut qu'une funèbre ovation.

Jacques Joffrey laissa un *mémorial* de la mort et du convoi de Bayard (1).

Le nom de cette famille Joffrey de Saint-Chef se trouve quelquefois dans les histoires du Dauphiné, mais nous ne savons à quelle époque elle s'est éteinte.

---

(1) Voir le *Loyal Serviteur*; puis, Expilly, *Supplément à l'histoire de Bayard*. On y lit ce passage : « Puis dit à Jacques Joffrey, du quartier de Bourgoin ou de Saint-Chef : *Qu'on me descende au pied de cet arbre et me mettez en sorte que j'aie la face regardant l'ennemi.* — Voir aussi l'histoire de Bayard, par M. de Terrebasse, qui assigne pareillement Saint-Chef pour pays natal au fidèle écuyer.

Etienne Bertrand, jurisconsulte.

Ce personnage est une autre illustration du même pays. Bertrand naquit à Saint-Chef, vers 1434, d'une famille noble sortie, a-t-on dit, de la même tige que les Bertrand du Vivarais. Il étudia le Droit à l'université de Valence et à celle de Toulouse, puis il reçut le bonnet de docteur à Avignon. Il alla ensuite se fixer à Carpentras, où il exerça comme jurisconsulte. Quoique placé sur un obscur théâtre, il ne tarda pas à jouir d'une réputation immense, justement méritée par l'étendue de ses lumières et de son savoir. Des provinces voisines on accourait en foule le consulter comme l'oracle des lois. Les qualités de son cœur et la droiture de son caractère lui valurent en même temps une grande considération non-seulement dans sa ville adoptive, mais encore dans tout le comtat d'Avignon. Il fut élu quatre fois syndic de Carpentras, où il remplit avec distinction diverses autres charges importantes. Il mourut à Carpentras en 1516, à l'âge de 82 ans, et fut vivement regretté des indigents, auxquels il donnait régulièrement la dixième partie du produit de ses travaux. On a de ce jurisconsulte un énorme recueil de consultations (*Stephani Bertrandi consilia*, 9 vol. in-folio), qui faisaient autorité dans les pays de Droit écrit, et qui attestent combien était grande la confiance dont il jouissait (v. la *Bibliographie du Dauphiné*).

Parmi les familles nobles fixées à Saint-Chef à l'époque où nous sommes (Guy-Allard en cite une quinzaine, et il dit naïvement que c'était l'excellence du vin blanc de ce pays qui y attirait tout ce beau monde; que ne dit-il que cette jeunesse était toujours la première à se rendre à l'appel du clairon quand il s'agissait de quelque expédition patriotique)! parmi ces familles nobles nous mentionnerons les Chivalet du château de Chamont qui ont fourni plusieurs chanoines à l'abbaye, et un poëte, d'un certain renom, à la société du moyen âge (voir son nom dans nos Biograph. nationales).

CHAPITRE VIII.

SÉCULARISATION DE L'ABBAYE.

Réduite à une condition subordonnée, l'abbaye de Saint-Theudère coula des années qu'aucun événement notable n'a signalées à l'histoire jusqu'à l'époque de sa transformation en collégiale, ou chapitre de chanoines non rattachés à un siége épiscopal. « C'est en 1531, dit

Valbonnais, que ces religieux se proposèrent de changer leur état. On voit encore des *mémoires* dressés de cette année, où sont exposés les motifs de cette détermination. François Ier régnait alors ; il leur accorda un bref à ce sujet, par lequel il confirmait aussi leurs statuts et priviléges.

Il ne manquait à ce projet, pour y mettre la dernière main, que l'autorité du pape qui donnât une nouvelle forme à leur institution, ce qu'ils obtinrent du pape Paul III, en 1536 : par une bulle authentique, il les exempta de faire des vœux ; ils furent mis sur le pied des chanoines des églises collégiales, avec cette distinction, honorable pour leur corps, qu'on n'y pouvait être reçu qu'après avoir fait preuve d'une noblesse ancienne, tant du côté paternel que du côté maternel (1). » La preuve de noblesse devait se faire par titres comme par témoins, et elle devait comprendre au moins quatre degrés tant du côté du père que de celui de la mère.

Voici sur le même sujet ce que nous apprend Collombet : « François Ier, qui s'était avancé dans la Provence pour surveiller Charles-Quint, se rendit au monastère de Saint-Chef, et accorda au grand-prieur et aux religieux de cet établissement des lettres adressées au pape pour leur sécularisation. L'archevêque y donna son consentement, et le pape Paul III, donna,

(1) Valbonnais, t. i, page 238.

à cet effet, une bulle, datée de Rome, la seconde année
de son pontifical, c'est-à-dire en 1536 (1). »

Quoique ces transformations dans les instituts primitifs (2) ne témoignent pas généralement en faveur de
la piété claustrale, il ne faudrait pas néanmoins la juger avec trop de rigueur. Le pape restait l'apprécia-
teur des motifs dont on appuyait ces demandes : c'é-
tait, alléguait-on, pour faire plus de bien à la société, pour se livrer à la prédication de la parole de
Dieu, pour cultiver avec plus de succès certaines sciences, et pour rendre l'entrée des maisons religieuses
accessibles à des érudits de grande renommée. Cette
dernière considération est notamment invoquée par le
chapitre de Grenoble dans sa demande de sécularisation. Certes, il suffit des exemples de vertu et de science
donnés par la congrégation de Saint-Maur, pour se convaincre qu'un ordre, même sécularisé, pouvait parfaitement ne dégénérer en rien. Avouons, toutefois, que
quelques branches commençaient à dessécher dans le
grand arbre bénédictin.

Le nouveau chapitre de Saint-Chef se composait de
vingt-huit chanoines, y compris le doyen, le sous-
doyen et les officiers claustraux. Le titre d'abbé restait

(1) Collombet, t. II.
(2) A cette même époque, les bénédictins de Saint-Maur sont
sécularisés et réunis à l'archevêché de Paris. Vingt ans plus tard,
en 1557, le chapitre de N.-D. de Grenoble se fait délier des vœux
de l'ordre de Saint-Augustin. Et enfin, l'abbaye de Saint-Pierre
de Vienne obtient à son tour sa sécularisation en 1612.

à l'archevêque de Vienne. Le roi, l'archevêque et le doyen nommaient alternativement aux canonicats, mais le nouvel élu ne pouvait être pris que parmi les habitués et c'était le chapitre qui conférait l'*habituation*. Toutefois, le théologal et le capiscol (1) pouvaient être choisis en dehors de la noblesse. Le premier, gardien de la science sacrée, était chargé d'en faire lecture, et le second, le capiscol ou l'écolâtre, enseignait avec la grammaire tout ce qui était propre au développement moral et intellectuel de la jeunesse (2). Il devait, en outre, apprendre le chant aux novices ou habitués, qui étaient tenus de consacrer un an à cette étude, puis il présidait les cérémonies du chœur, pour en assurer la parfaite exécution.

Le syndic était un autre officier claustral, qui représentait l'abbaye dans ses rapports litigieux ou autres avec le dehors. Les attributions du camérier, du réfecturier, de l'hôtelier, du sacristain, etc., sont suffisamment indiquées par les termes mêmes qui désignent chacune de ces charges. Une prébende était assignée à chaque canonicat.

Les dignitaires et les chanoines portaient la soutane ou soutanelle sacerdotale avec parements et boutons violets, c'est du moins le costume que nous leur ver-

---

(1) Valbonnais écrit *capitoul*, nous pensons que c'est une faute d'impression.

(2) Instruction *gratuite*, en ce que les revenus d'une prébende en couvraient les frais, *obligatoire* par l'ascendant des maîtres, mais elle 'était pas *laïque*.

rons plus tard à Vienne. Ils avaient au chœur le camail et la croix pectorale portant l'effigie de saint Theudère. Libres de vœux religieux, et par conséquent de la clôture et des rigueurs de la pauvreté monastique, ils n'avaient à garder que ceux inhérents à la prêtrise, et à observer leurs statuts, sanctionnés par l'autorité religieuse et civile. La vie en commun, la présence à l'office du chœur, la résidence, l'étude et la prière, le soin des malades et l'éducation de la jeunesse, étaient leurs principaux devoirs. Ils y joignaient le soin religieux des populations rurales soumises à leur juridiction : présenter de dignes pasteurs pour les églises dont ils avaient le patronage, veiller à la bonne tenue et décoration du lieu saint, le fournir d'ornements et de vases sacrés, réparer et rétablir au besoin le chœur de ses églises, tout cela devait être l'objet de leur constante sollicitude, et c'est l'accomplissement de ces devoirs qui justifiait leurs droits aux dîmes et autres redevances perçues dans ces localités. A ce point de vue, que ne pouvaient-ils pas faire pour le bien public et pour la moralisation des âmes ? Fils puînés de grandes familles, et personnellement riches, que de misères ne pouvaient-ils pas soulager ? C'était bien, par le fait, à leurs libéralités qu'ils étaient redevables des égards respectueux que leur portaient plus ou moins les populations dont ils étaient seigneurs féodaux.

On n'a pas perdu tout souvenir de leurs œuvres pies, soit à Saint-Chef, soit dans les lieux circonvoisins, où les pauvres, les malades, les femmes nouvellement mères, étaient assistés avec une édifiante régularité. Tandis que l'hospice était ouvert aux grandes misères, le pauvre ordinaire recevait à domicile le vin, le pain de *boulanger*, la viande et le reste. Ces bonnes œuvres étaient généralement de fondation dans la communauté. Comme particuliers, les nobles chanoines ont laissé des témoignages de générosité personnelle.

Les anciens et riches vitraux du chœur de l'église étaient une libéralité de la famille de Virieu, qui a eu successivement trois de ses membres dans cet établissement. Leur écusson se voit encore sur les barreaux de ses fenêtres (1).

Le doyen Melchior de Loras Montplaisant a laissé son nom mieux gravé encore dans le cœur des habitants de Saint-Chef que sur le frontispice de l'hôpital de ce bourg, où se lit cette inscription :

MESSIRE MELCHIOR DE LORAS MONTPLAISANT, DOYEN DE SAINT-CHEF, A DONNÉ A L'HOPITAL SON DOMAINE DE TRIEU ET SES DÉPENDANCES AUX CONDITIONS CONTENUES EN SON TESTAMENT PUBLIÉ LE 7 SEPTEMBRE 1733, REÇU GRUMEL, NOTAIRE.

Nous n'avons pas de renseignements sur la date de

---

(1) C'est un de Virieu, chanoine, paraît-il, de Saint-Maurice de Vienne, qui fit construire la chapelle capitulaire de cette ville, adjacente au presbytère actuel de Saint-Maurice et la mit sous le vocable de saint Théodore, « mort en odeur de sainteté à Vienne; » c'est saint Theudère.

fondation de cet hospice qui remonte peut-être aux origines du monastère de Saint-Theudère, car l'on sait que les religieux construisaient communément trois édifices contigus : une église, une école et un hospice ; Dieu, la jeunesse et les malades se partageant ainsi leurs heures, leur sollicitude, leur cœur. Et c'est par là qu'ils se faisaient bénir des populations et qu'ils sauvaient les âmes.

A vrai dire donc, les nobles chanoines qui avaient succédé à la lignée spirituelle du saint fondateur pouvaient faire encore un grand bien, et ces enfants de familles nobles étaient généralement pénétrés d'assez de foi et de charité pour se concilier l'estime publique, mais leurs libres sorties de l'intérieur de leur cloître et leur genre de vie un peu partagée entre la vie monacale et la vie séculière, ne pouvaient moins faire que de leur ravir quelque chose du prestige dont avaient joui leurs devanciers. Et si la solennité de leurs offices dans le chœur, si leurs œuvres de bienfaisance imposaient un religieux respect aux populations, il faut bien dire aussi que la part trop grande qu'ils faisaient au luxe et à la délicatesse dans leur tenue et leur manière de vivre, contrastait singulièrement avec l'austérité de mœurs, la vie laborieuse et pénitente des anciens moines. L'on se demande si saint Theudère, dont ils s'honoraient de porter l'effigie et qu'ils se glorifiaient d'avoir pour patron, eût bien voulu les reconnaître pour ses enfants, et s'il n'eût pas été tenté de se dire, lui, l'homme de la contemplation, du jeûne rigoureux et de la retraite absolue : Et ceux-ci, d'où me sont-ils venus ?... *Quis genuit mihi istos ?*

Hélas ! s'ils laissent pénétrer quelques abus dans ces cloîtres destinés primitivement à la prière et à la pénitence, de quel prix ne les payeront-ils pas ? Que d'envieux jalouseront leur prospérité temporelle ! La trop grande recherche du bien-être ne fut-elle pas toujours, pour les corps religieux, le signe avant-coureur d'une ruine prochaine ?

Ils auront à subir, à propos de la perception de leurs droits, des tracasseries interminables dont on retrouve des traces dans les presbytères des pays voisins qui ont réussi à conserver des archives. Ils seront en butte, dans les siècles de scepticisme et d'insubordination qui vont suivre, à des critiques et des malversations, dont certes ils ne porteront pas toute la responsabilité, puisqu'elles seront le fait d'une époque frondeuse et impie, mais qui ne laisseront pas de les abreuver d'amertume. Mais tout d'abord, et avant cela, voici venir une terrible tourmente : les successeurs des Sarrasins, les devanciers des hommes de sang de 89, les huguenots, en un mot, sont à leur porte.

CHAPITRE IX.

SACCAGE DE L'ABBAYE PAR LES HUGUENOTS.

Nous arrivons à une époque tristement mémorable, en raison des conflits entre catholiques et protestants qui l'ensanglantèrent. Une politique cauteleuse et égoïste qui ne réussit que trop à irriter les deux partis, à les armer l'un contre l'autre, causa tous les malheurs (1). Qui pourrait dire les scènes d'horreurs qui signalèrent le triomphe des religionnaires dans toutes les villes qui tombèrent en leur pouvoir. « Pendant le cours de ces guerres affreuses, dit Mezeray, vingt mille églises furent détruites. Dans la seule province du Dauphiné, les huguenots égorgèrent deux cent cinquante prêtres et cent douze moines ; ils brulèrent neuf cents

---

(1) Cette page d'histoire dont les ennemis de l'Eglise ont tant abusé pour rendre la religion de J.-C. responsable de ces graves événements, est complétement éclaircie aujourd'hui, grâce à une correspondance de Catherine de Médicis, découverte dans la bibliothèque de l'empereur de Russie, et publiée pour la première fois dans la *Revue du Monde catholique,* 15 décembre 1872, par M. Edouard de Barthélemy.

villes ou villages. Le sinistre baron des Adrets se si-
gnala par d'abominables cruautés; il inonda de sang le
Dauphiné, le Lyonnais, le Languedoc et plusieurs autres provinces. »

L'abbaye de Saint-Chef était trop célèbre pour échapper au désastre commun. Aussi, trop certains du sort
qui leur était réservé, les nobles chanoines prévinrent
le coup en désertant leurs cloîtres. A leur rentrée,
après le passage des huguenots, ils trouvèrent leur
établissement dans le plus piteux état, et songèrent à
faire dresser une enquête sur les dégâts commis, dans
l'espérance d'exercer avec quelque succès peut-être,
leurs droits de revendication contre les coupables. Cette
enquête légale fut faite le 17 mai 1564.

Nous avons eu tout dernièrement l'heureuse chance
de trouver une copie du procès-verbal qui fut dressé
a cet effet chez un honorable habitant de Saint-Chef
(M. Dornon); nous allons en donner un extrait, en lui
laissant son orthographe, et en choisissant les plus
complètes dépositions des nombreux témoins qui com-
paraissent devant les commissaires délégués :

« A Monsieur le Vibailly de Vienne, ou son lieutenant :

» Supplient humblement les seigneurs, doyen, chanoines et chapitre de l'église collégiale de Saint-Chef ;
disent que des années 1562 et 63, ladite église aurait
été ruinée, leur maison d'habitation et autres leurs
biens, situés en divers lieux de ce ressort, à eux appar-

tenant, tant en général qu'en particulier, ont été semblablement ruinés, et en icelles commis les violances et larcins plus à plain mentionnés au mémoire attaché à la présente, et par certains leurs haineux et malversants (quelques gens du pays), sans droits, raison, ni occasion à leur préjudice.

» Ce considéré, vous plaise commettre le premier notaire royal, delphinal sur ce requis, pour informer secrètement sur ce que dit et sur tout ce qui en dépend, selon les mémoires et instructions qui en seront baillés par les suppliants pour, l'information faite et rapportée, se pourvoir contre les coupables comme ils verront par droit et raison, octroyant commission et lettres opportunes.

>> *Signé :* DE CÉSARGES, *doyen ;* DELISLE DE
BOULIEU, *syndic,* etc. »

« Jean Carrier, docteur en droit, conseiller du roi dauphin, vibailly et juge delphinal commis au baillage du Viennois et terre de la Tour, au siége de Vienne : au premier notaire royal delphinal, sur ce requis, salut. Vu la requeste ci-jointe, vous mandons et commandons et commettons par ces présentes qu'en vous transportant aux lieux pour ce nécessaire, vous informiez bien et secrètement sur ce qui est requis..., etc.

» Le 17 may 1564.

>> *Signé :* CARRIER, *vibailly.* »

« L'an 1564, et le jour que dessus, à Saint-Chef,

et en la place dudit lieu, par-devant moi, Pierre Bert, notaire à Saint-Chef, soussigné, a comparu noble et vénérable Jean de Césarges, chanoine et syndic de ladite église collégiale de Saint-Chef, lequel en sa qualité m'a remontré avoir dressé requeste à M. le vibailly de Vienne, laquelle requeste ensemble ma commission il m'a présentées me requérant d'accepter la charge de ladite information, ce que j'ai fait après avoir reçu ladite requeste et commission avec tel honneur et révérence qu'il appartient. Ce fait, le dit sieur de Césarges... a dit avoir fait adjourner à ce jourd'hui pardevant moi notaire commissaire les témoins nommés au rapport de Jacques Gonet étant au doz de ma dite commission et lesquels témoins comparants le dit sindic m'a produits, requérant iceux examiner, et leur dire réduire par écrit, ce que je me suis offert faire, et d'effet j'ai pris le serment par le chacun d'eux presté en tel cas accoutumé aux sainctes escritures entre les mains de moi, notaire, de dire et déposer la sûre vérité de ce qu'ils sauront et que leur sera demandé.....

» Teneur des dépositions des témoins adjournés par Jacques Gonnet, sergent ordinaire à Saint-Chef, à faute de sergent royal, pardevant moy Pierre Bert notaire royal delphinal. »

1er Témoin. — Jean Péchet dit Pra cordonnier natif de Chamont, mandement de Saint-Chef, habitant au dit Saint-Chef, âgé de trente-six ans, examiné, dépose moyennant son serment, que jeudi 14e jour du mois

de may 1562, arrivèrent au dit Saint-Chef, quatre en-
seignes de gens de pied de la religion prétendue réformée, conduits par les capitaines Pontoys, la Roche,
Salette et la Grange lesquels rompirent la grande porte
dudit lieu. Rompirent tous les autels de lad. église et les
mirent par terre, puis montèrent à la tour de saint
Michel fondée en lad. église, dans laq. chapelle MM.
les chanoines de lad. église reposaient et tenaient
leurs titres, terriers et autres documents enserrés dans
des buffets étant en lad. chapelle, lesq. papiers, aussy
les livres de lad. église ils rompirent avec le crucifix
de lad. église, avec certaines images et les brulèrent et
partie desd. titres, et l'autre partie ils déchirèrent et
mirent en pièces, de sorte que la rue et lad. église en
étaient couvertes. Puis, abattirent les grands chandeliers qui étaient en lad. église et le tout fait, le dit capitaine Pontoy trouva dans la place dud. lieu Claude Farin, lui dit paroles semblables : Venez, sea, vous nous
aviez dit que nous trouverions en cette église et même
chez les chanoines à force de vivres et il est bien au
contraire, car il n'y a du tout rien; qui est la cause que
nos soldats sont contraints de vivre en maisons de cette
ville? Lors ledit Farin dit : Monsieur, il se trouvera à
force de vivres, ne craignez rien. Sur ce, le sieur de
Betenoux remontra au dit capitaine Pontoys la pauvreté
de ceux de Saint-Chef. Alors ledit Farin et Pierre, son
fils, commencèrent à prendre de paroles que le dit
sieur de Betenoux lui disant : allez, vous êtes un mé-
chant homme, vous ne faites oncque acte que de mé-

chant. Sur ce, ledit sieur de Betenoux se recula, trouva les soldats et entra dans la maison de dame Anne Boybette, où il se sauva, et ainsy que dessùs pour vérité le dépose :

Aux généraux düement recollé a persisté et ne sait écrire.

2e Témoin. — *Item*, Etienne Coureur.   . . . . .

. . . .

3e Témoin. — « *Item*, honeste Antoine Roland, drapier, habitant aud. lieu de Saint-Chef, âgé de 44 ans, examiné, moyennant son serment dépose que en l'année de troubles avenus en ce pays de Dauphiné qu'était l'an 1562 et le 24e jour du mois de may qu'était jeudi, arrivèrent à l'après-diné au lieu de Saint-Chef quatre compagnies de gens de pied de la religion prétendue réformée, conduites par les capitaines Pontoys, Salette, La Roche, et La Grange, lesquels vinrent contre la grande église collégiale de Saint-Chef, dans laq. certains desd. capitaines s'étaient enfermés. Lors, leurs soldats, avec une grande barre de bois, vinrent contre la grande porte de lad. église et firent tant, qu'ils entrèrent en icelle, eux étant dedans vinrent à un grand chandelabre ayant sept branches de fer, puis à un autre grand chandelabre de leton ayant trois gros pilotis, lesquels ils mirent par terre, aussi mirent par terre une grande chaîne de fer de la grosseur d'un bras d'homme, laquelle soutenait une croix, que le tout ils emportè-

rent, puis montèrent à la tour de Saint-Michel, jointe
à lad. églige, où ils prirent plusieurs livres, rassem-
blants terriers et autres contrats de parchemin et papiers écrits, lesquels ils jettèrent par la fenêtre de lad.
tour en bas; et en après vinrent contre la porte de fer
qui fermait la chapelle de saint Martin, dans laq. MM.
du chapitre tenaient leurs reliquaires et trésors (saintes
reliques), laq. porte ils ouvrirent ensemble une de bois
suivant à jcelle, et eux étant dedans prirent ce qu'ils
trouvèrent, car puis après leur département bien vit
que les serrures avaient été levées des buffets, mar-
chebants étant en lad. chapelle, et après que le tout fut
mis par terre et les autels de ladite église, prirent certaines images, lesq. ils sortirent de lad. église, puis les
mirent ensemble audevant du grand portail d'icelle,
avec certains livres, et papiers d'jcelle; puis mirent le
feu dedans et le firent tout brûler, et le reste des
papiers, contracts, ils déchirèrent et mirent en pièces, et les jetèrent çà et là tant, que la rue dès la
maison de Barthélemy Magnian, dit Gapt, jusques à
lad. église était la terre comble desd. documents déchirés et aussi lad. église et cimetière en étaient tout
couverts, quant auxd. chandelabres de loton et fer, furent mis auprès de la grande porte du destroit de l'é-
glise, et sous la maison du sieur hôtellier de lad. église,
où ils demeurèrent jusqu'à ce que lesdit. compagnies
s'en furent allées dud. lieu. Claude Farin, les fit mettre
dans la boutique de Guya-Arguet, qui est à la place publique. Et bien ouÿ dire que quelques jours après ledit

Farin les avait fait mener à Lyon ensemble le fer qu'ils avaient pris, et qu'un nommé Pierre Curt les y avaient charriés du commandement dud. Farin. Dépose que bien ouy dire que le capitaine Laroche bailla à M. Rigot un tableau d'argent en garde, dépose que puis après quelques temps, Guillaume Clorier de Crémieu vint aud. Saint-Chef, se disant commissaire, avec Muzon de Quirieu, se disant trésorier, lesq. firent charrier tout le vin qui était en l'aumônerie pour la nourriture des pauvres jassinières (1), aussi le vin du sacristain et du chanoine Vauda, partie à Crémieu, l'autre partie à Quirieu, puis laissèrent en garde quelque peu de vin à M. Buisson, ne sait comme ils en firent. Dépose davantage qu'au mois d'août suivant, le jour n'est record; bien ouy un grand bruit que l'on faisait en ladite église, lors s'approcha de la porte pour entrer, ce qu'il ne put qu'autant que la porte était par dernier close; or il déposant et M. Jacques Levet, prêtre, habitant Saint-Chef, s'en allèrent par la maison du doyen et vinrent à la chapelle saint Antoine pour savoir quel bruit c'était, lors virent que s'était M. Pierre Larrivé, Jacques Girardon notaire, Benoît Dupuy, Claude Larrivé clerc, Pierre Dubois, Jacquemet, Péchet dit Roybin, Denys Colliard, Pierre Poyet, gendre de François Bon, M. Benoît Rigot, Claude Cottin le jeune, Jacques Escoffier, lesquels étaient à la tribune de lad. église et avaient ja

---

(1) *Jassinières*, femmes nouvellement mères.

mis par terre le bois de la grande arche où l'on tenait
les chapes de lad. église, et étaient après démolir les
murailles, lorsque iceux accusés virent le déposant,
lui ruèrent des pierres qui fut la cause qu'il s'en alla avec
ledit Levet. Aussi dit que du mois en après que certains
de Crémieu eurent mis par terre le fer qui était au grand
portail vinrent pour le peser en la place, où se trouva
M. Claude Paccalet, lieutenant de chastelain, et Michel
Doyenne, qui dirent : « ce n'est pas à vous de vous en
mêler, vous n'êtes pas de la religion, » sur jcelui Rigot,
Farin, et certains autres le pesèrent, disant que M. des
Adrets le leur avait baillés.

» Aux généraux düement recollé a persisté et ne sait
écrire. »

4ᵉ Témoin. — « *Item,* M. Jacques Levet, prêtre, natif et habitant à Saint-Chef..., dépose que le 11ᵉ jour
de may arrivèrent audit lieu de Saint-Chef quatre compagnies de la religion nouvelle, conduites par..... lesq.
ils couchèrent, et le lendemain allèrent à la Tour-du-
Pin, et en après qu'ils furent partis, retourna audit
Saint-Chef, auquel lieu les habitants étaient fort éton-
nés et fâchés. Ledit déposant vit plusieurs documents,
ventes, terriers et reconnaissances faisant au profit de
MM. du chapitre dud. Saint-Chef, tous déchirés et mis
en pièces, de sorte que la grande rue et lad. grande
église étaient toutes couvertes et l'on ne pouvait marcher par lad. rue jusqu'au pilotis, si non par dessus
lesd. papiers. Et encore led. déposant monta en la tour

de Saint-Michel étant en carré de lad. église où les
sieurs chanoines tenaient leurs papiers et documents
en une garde robe ou bien buffet où il y avait vingt-un
moyens tous fermant à la clef et un petit marchebant
y joignant, le tout bois noyer, lesq. il trouva tout ouverts et partie des portes rompues et toutes les serrures
et fers levés et emportés, et aussi un grand nombre de
documents mis en pièces. Puis, il déposant descendit
de la Tour et entra dans la chapelle saint Martin en
laq. était une autre garde-robe bois noyer, où l'on
tenait les reliquaires, livres de messe, quittances ; lad.
garde-robe était fermante à clef ayant douze moyens
fermant à clef et chacun une serrure, plus un marchebant de même bois à molures, et encore un moyen de
l'un d'iceux avait trois clefs, lesq. serrures et tout le
fer étaient levés et ôtés, et s'y avaient rompu les deux
portes de lad. chapelle et emporté le fer et serrures.
Encore pis, prirent et saisirent deux grands chandelabres étant de grande étoffe qui étaient entre le chœur
et le grand autel desd. sieurs. L'un desq. était de cuivre, l'autre de loton et bien riches. Ensemble une
grosse chaîne de fer, laq. tenait une grande croix, puis
abattirent deux grands chenaux de plomb, lesq. étaient
sur lad. église, et encore quatre chenaux qui étaient
sur les quatre quantons des cloîtres, et rompirent les
autels de ladite église, laquelle en avait quatorze. Et
en après que lesd. soldats et capitaines s'en furent
allés, quelques jours après, ledit déposant vit en la
place Claude Farin et Guya-Arguet, lesq. faisaient peser

à Antoine Dubois, boucher de Saint-Chef, le fer, cuivre, loton, et plomb sorti de lad. église, lequel était en la boutique dud. Arguet, qui assistait là et le faire peser, et tenait le contrôle M. Pierre Larrivé, qui écrivait. Lesq. fer... furent menés vendre à Lyon. Dépose qu'environ le commencement du mois d'aoûst, il déposant et honeste Antoine Roland, drapier, ouyrent un grand bruit dans lad. église et pensant entrer, etc., se voyant, ils ruèrent des pierres sur ledit déposant et ledit honeste Rolland, qui furent contraints de s'en aller.

» Pour vérité le dépose..... »

5e *Témoin.* — *Item*, Maître Charles Despina, cordonnier, natif et habitant Saint-Chef..., dépose..... et comme il chossait un paire de souillers à un soldat en lad. église du commandement d'un desd. capitaines, et ainsi qu'il le chossait, un des capitaines dit à un autre : « Nous avons fait une grande faute aujourd'hui d'avoir ainsi tant laissé déchirer, gâter et brûler de documents qui étaient en jcelle église. J'ai entendu dire qu'il y avait plusieurs livres antiques, libertés, franchises, comptes, mises, quittances, qui eussent bien servi au roy, ou bien à notre religion. » Lors led. capitaine fît sonner à son de tambourain et crier que tout soldat qui auront pris fer et plomb, qu'ils eussent à le porter tout incontinent sous peine d'être pendu et étranglé, pour en faire description et inventaire. Ce que s'en raporta fut remis en la boutique de Guya-Arguet, où quelques jours en après fut pesé à la romaine et partie vendu sur place, l'autre partie emmené vendre à Lyon par led. Farin. Dépose que lorsque lesd. compagnies et soldats eurent fait les maux que dessus, il déposant avec M. Guillaume Levet, barbier en la place, virent Benoit Rygot sortir des cloîtres, lequel portait sur son doz expolié ployé et enveloppé d'un mantel blanc un sequoy que certains autres assistants dirent que c'était le tableau d'argent qui était au grand autel desd. sieurs, en leur église. »

6ᵉ Témoin. — « *Item*, M. Guillaume Levet, barbier... dépose... arrivèrent 4 compagnies, lesquelles abatirent tous les autels, brûlèrent les idoles, car ainsi ils appellent les sainctes images, déchirèrent toutes les chartes et parchemins..., de sorte qu'il était aigre et fâcheux à presque tous les hommes de voir ainsi brûlés, déchirés et gâtés tous les anciens titres de lad. église. Dépose qu'au mois d'août ouï un grand bruit dans lad. église... et que c'étaient certains dudit lieu, lesquels avaient abatu tout le bois qui était en ouvrage à la tribune et puis abattaient la muraille d'jcelle église : aussi comme il vit qu'eux avaient jeté par terre le grand trélis de fer, qui cloyait le dortoir de lad. église comme pour vérité dépose, et ne sait écrire, ni soussigner. *Item.....*

» Ainsi ont déposé les témoins susnommés ès mains de moi, notaire, commissaire susdit et soussigné, Bert.

» *Extrait* en la ville de Vienne à son original exhibé

par Messieurs du chapitre de Saint-Chef, ce 14me avril
1778.

» Sieur sindic, signé :

» DELISLE DE BOULIEU.

GUILLERMIN, *notaire.* »

Voici un autre document qui se réfère aux mêmes
faits. Nous l'avons tiré du *Voyage littéraire* de Dom Mar-
tenne et Dom Durand, dans les abbayes de France.
C'est l'an 1708 qu'ils visitèrent la collégiale de Saint-
Chef.

« Le lendemain nous fûmes à l'abbaye de Saint-
Theudère. Elle se compose de vingt-huit chanoines qui
comptent tous quatre degrés de noblesse soit du côté
paternel, soit du côté maternel. Tous ces messieurs
nous comblèrent d'honnêtetés et nous communiquèrent
avec empressement tout ce qui restait des anciens monuments de la fureur des hérétiques.

» Ces impies brûlèrent toutes les chartes en 1562,
mais jamais ils ne purent brûler l'église.

» Un des plus déterminés monta sur la charpente
pour mettre le feu au lambris, mais s'étant laissé tomber, il légua à la postérité des marques visibles du châtiment de Dieu; car la dalle sur laquelle son corps s'est
brisé est restée rougie de son sang et l'on n'a pu par-
venir, quoiqu'on l'ait lavée à plusieurs reprises, à en
effacer les traces.

» On ne voit aucun tombeau dans l'église; aucune
sépulture ne s'est faite dans son intérieur. Cette abbaye

a possédé les reliques de saint Theudère, abbé de Vienne, et de saint Thibaud, archevêque de cette ville; mais elles ont disparu, soit qu'elles aient été profanées par les hérétiques, soit qu'elles soient restées cachées dans la terre.

» Une inscription ancienne porte qu'un certain Jean de Saint-Genest a fait don à l'église d'un chef d'argent de saint Thibaud; ce reliquaire a été enlevé par les hérétiques. On pense que c'est ce chef d'argent devant lequel les fidèles venaient prier, qui a été cause du changement du nom de Saint-Theudère en celui de Saint-Chef.

» *(Voyage littéraire.)* »

Ce ne fut que quelques années après la dévastation de l'abbaye de Saint-Chef, c'est-à-dire en 1576, que le château-fort et les murailles de ce bourg furent rasés par les ordres de Gordes, lieutenant général du roi en Dauphiné. C'était après la reprise de Morestel par le parti catholique. Gordes fit raser pareillement les fortifications de Morestel et le château d'Albon (1).

C'est donc par trois fois que l'œuvre de saint Theudère a subi l'épreuve du fer et du feu. Et chaque fois, c'est au nom d'une religion nouvelle qu'on se porte à ces excès. Les sectateurs de Mahomet au VIIIe siècle, ceux de Luther au XVIe et ceux de la déesse Raison au

_____
(1) Chorier, tom. II, p. 674.

xviiie, ont procédé de la même manière : par le meur-
tre, l'incendie et le pillage.

La vénérable basilique fut donc encore profanée par
les impies du dernier siècle, qui brisèrent, en 93, les
statues et les sculptures dont était décoré son beau portail, construit probablement après le passage des huguenots, et qui brûlèrent sur la place publique, au milieu d'une farandole stupide, tout ce qu'ils y purent
trouver encore de titres, de livres et de vêtements sacerdotaux.

C'est, à toutes les époques, ce qu'on appelle aujour-
d'hui le *communeux*, qui, sous prétexte de réforme so-
ciale, cherche à se frayer un passage à travers les
ruines qu'il accumule, pour se procurer de prétendues
jouissances, lesquelles, pures chimères, ne sauraient,
en tout cas, s'obtenir par de pareilles atrocités.

CHAPITRE X.

TRANSLATION DE L'ABBAYE A VIENNE.

Saint Theudère avait passé les dernières années de sa vie à Vienne, où il s'était éteint dans une brillante auréole de sainteté ; l'illustre chapitre qui porte son nom, quoiqu'il eût eu de la peine à cause des transformations subies par le monastère, à se rattacher à la lignée spirituelle du bienheureux, aura encore cela de commun avec lui, qu'il verra s'écouler dans la ville métropolitaine les dernières années de son existence. Le séjour de Saint-Chef avait fini par paraître trop isolé et trop monotone aux nobles chanoines. Ils ne trouvaient là, disaient-ils, ni les ressources littéraires et scientifiques convenables à un corps religieux et sacerdotal, ni les agréments et les avantages de toute nature qu'on trouve dans une cité populeuse. Le pays, dont la partie marécageuse n'était pas desséchée, était insalubre, et ce n'était qu'avec peine qu'ils se procuraient les soins que réclamaient de fréquentes et précoces infirmités. Pour ces motifs et d'autres encore, ils se mirent, dès 1749, à solliciter leur translation dans la ville de Vienne. Et une bulle du pape Clément XIV, faisant droit à leurs instances, supprima l'abbaye de Saint-André-le-Bas, réduite à trois religieux, et l'incorpora dans sa propre église, à la collégiale de Saint-Theudère. Cette bulle ne reçut toutefois son exécution qu'en 1774, en raison de l'opposition qu'y fit le chapitre métropolitain de Saint-Maurice, opposition appuyée par le prieur de l'église de Saint-André et les habitants de cette paroisse. Le vibailly, les consuls et chevaliers de la ville se montrèrent aussi fort opposés à la mesure. Cependant les obstacles ayant été écartés avec le temps, les chanoines de Saint-Chef, réduits préalablement au nombre de dix-huit, allèrent prendre possession de l'église de Saint-André-le-Bas. Ils n'omirent point d'emporter avec eux le riche mobilier de leur basilique de Saint-Theudère. A vrai dire, le droit était pour eux, puisque tout leur appartenait; on a dit cependant que la population eut le tort de ne faire aucune opposition, et que quelques notables de l'endroit eurent à se reprocher de s'être faits les complices de la prétendue spoliation.

Ce vaste édifice se vit donc enlever entre autres objets, sa belle chaire en marbre, ses grands chandeliers portant l'effigie de saint Theudère et qui ornent encore le maître-autel de Saint-André-de-Vienne, et ses deux plus grosses cloches. La première, *Sainte-Marie-Magdeleine, cent quintaux je pèse*, descendue du clocher en trois journées de grande peine, fut déposée sur un char construit pour son transport et traîné par vingt-sept paires de bœufs.

Elle ne parvint qu'à moitié chemin, car le véhicule se brisa sous le fardeau, et le bronze tombé aux mains de l'Etat, fut fondu et transformé en canons. Etrange changement de destination ! Le métal béni pour inviter à la prière et à la louange de Dieu, dut aller sur tous les champs de bataille de l'Europe, tonner contre les ennemis de la République et de l'Empire.

L'autre, du poids de deux mille kilogrammes, est encore appendue au clocher de Saint-André, où elle se fait remarquer par sa grave et harmonieuse sonorité. Elle offre une inscription qu'il peut être intéressant de reproduire ici :

JACENTES. EXCITO. SOMNOLENTOS. INCREPO.

PERVIGILES. EXHILARO. NEGANTES. ARGVO.

DD. DE RACHAIS. DEC. BELLECIZE

CAMER. LATOUR. SACR. BATINES. OP.

CHARCONNE. REF. CHATEAVNEVF. INF.

BIENASSIS. ELEEM. BONTE. HOST.

NEYRIEV. DARCES. PP^i. SACER. VEYRIN.

BARDONNENCHE. DORIOL. SAINT-PRIEST.

LORAS. MICHALLON. VALIER. CORDON.

MORIAC. SAINT OURS. DELISLE.

DOLOMIEV. CANC^ci. 6 PREB. VAC.

FVDERVNT. JOAN. ET NICOL. CHATELAIN.

LINGONENSES. ANN. DOM. MDCCLXI. (1)

---

(1) Je fais lever ceux qui sont couchés, je réprimande les endormis, je réjouis ceux qui veillent, j'accuse les paresseux. MM. de Rachais, doyen ; de Bellecize, camérier ; de La Tour, sacris-

On remarque encore dans le beffroi du clocher de Saint-Chef, la place qu'occupaient ces grosses cloches, destinées à rappeler à l'illustre chapitre l'heure de la psalmodie sacrée : *Jacentes excito, somnolentes increpo...* C'est leur sonnerie à l'office des morts de la Toussaint, qui avait occasionné l'incendie dont on voit encore des traces.

Le chapitre de Saint-Theudère fut donc installé, en 1774, dans l'insigne église où avait été célébrée, en 1312, par le pape Clément V, et pour la première fois en France, la fête du saint Sacrement, en présence des princes, patriarches et prélats dont se composait le Concile qui abolit l'ordre des Templiers.

La résidence dans cette église de la collégiale de Saint-Theudère et de Saint-André, car elle porte maintenant cette double dénomination, ne fut pas de longue durée. Une nouvelle bulle du pape Pie VI, intervenue en l'année 1779, transféra de nouvau l'illustre chapitre de l'église de Saint-André à celle de Saint-Pierre, et unit en un seul corps les chanoines de Saint-Theudère et ceux de Saint-Pierre de Vienne. En vertu de cette

tain ; de Batines, maître de l'œuvre ; de Charconne, réfecturier; de Châteauneuf, infirmier ; de Bienassis, aumônier ; de Bonte, hôtelier ; de Neyrieu, d'Arces, prêtres perpétuels ; de Veyrin, de Bardonnenche, d'Oriol, de Saint-Priest, de Loras, de Michallon, de Valier, de Cordon, de Moriac, de Saint-Ours, de l'Isle, de Dolomieu, chanoines. Six prébendes vacantes.

Jean et Nicolas Châtelains de Langres, ont fondu cette cloche l'an du Seigneur MDCCLXI.

bulle, confirmée par le roi en 1781, et homologuée au
Parlement du Dauphiné la même année, il n'était fait
qu'une seule et même collégiale du chapitre de Saint-
Theudère et de celui de Saint-Pierre, réduits chacun à
dix-huit chanoines, et conservant leur patron respectif.
C'est cette église de Saint-Pierre, remarquable monument d'architecture, qui avait servi à la sépulture des
plus illustres évêques de Vienne, les saints Mamert,
Avit, Adon, etc. Et la découverte récemment faite de
ces saints corps a produit dans la ville un religieux
émoi. Dépouillé de son ornementation, de ses sculptures
et de ses voûtes, cet édifice religieux a été transformé
de nos jours en un musée lapidaire.

Le nouveau chapitre était ainsi composé de trente-
six canonicats, dont deux dignités, celle de doyen et
celle de sous-doyen. Tous avaient le double titre de
chanoines de Saint-Theudère et de comtes de Saint-
Chef (1).

Le roi s'était réservé la nomination des deux dignitaires, puis celle de vingt-quatre chanoines, en indem-
nité de la nomination à l'abbaye de Saint-Pierre et à
celle de Saint-André-le-Bas, qui étaient supprimées;
les prieurés et leurs revenus, dépendant de ces deux
abbayes, étaient réunis à la mense du chapitre de Saint-
Theudère et de Saint-Pierre. Les dix autres canonicats
étaient à la nomination du doyen, sauf qu'il y en avait
deux pour lesquels le chapitre présentait trois sujets,

(1) Collombet, t. II, p. 412.

parmi lesquels le doyen choisissait celui qu'il croyait le plus digne. Cette promotion par le roi et le doyen devait se faire par tour, de sorte que le roi commençait par nommer le premier et le deuxième ; le doyen, le troisième ; le roi, le quatrième et le cinquième ; le doyen, le sixième, et ainsi de suite jusqu'au trentième, qui était à la nomination du doyen. Le roi nomme les 31, 32, 33 et 34e, et recommence par la nomination du premier. Mais les candidats ne peuvent être pris que dans le corps des habitués, et c'est le chapitre qui faisait la réception *in fratrem*. Toutefois, cette réception n'avait lieu qu'en faveur de sujets comptant neuf degrés de noblesse du côté paternel, et ayant leur mère d'extraction noble, ainsi que leurs deux grand'mères. Si les deux grand'mères ne sont pas nobles, la noblesse de la mère doit compter neuf degrés comme celle du père.

Les dignitaires et les chanoines portent la soutane ou soutanelle noire avec parements, boutons et boutonnières violets. Le roi leur avait accordé encore de porter une croix d'or, émaillée de blanc, à huit pointes égales, les flammes en or, ornées de quatre fleurs de lys, une dans chaque angle, surmontée d'une couronne de comte. Ladite croix ayant sur le centre et de face une médaille représentant saint Pierre, l'un des patrons de l'Eglise, avec cette légende : *Ecclesia comitum sanctorum Petri et Theuderii, Viennæ*. Et sur le revers, une autre médaille représentant saint Theudère, autre patron de ladite église, avec cette légende : *Bonis atque honoribus auxit Ludovic XVI.* Cette croix est suspendue par un ruban bleu liseré de violet.

La réunion en grande tenue de ce corps religieux auquel s'adjoignaient les prêtres *habitués* et les officiers du chœur, offrait un spectacle saisissant, dont Vienne n'a pas perdu tout souvenir. L'auteur de ces lignes a vu encore, il y a vingt-cinq ans, un vieillard qui avait été enfant de chœur du chapitre, et il eut avec lui un entretien des plus intéressants. Ce respectable octogénaire se montrait encore tout ému au souvenir des magnificences qui avaient frappé sa jeune imagination. Et il s'empressa de nous montrer un vieux petit almanach, conservé comme un trésor, où il aimait à retrouver les noms de ces hauts personnages, qu'il n'aurait point voulu oublier.

Un des résultats heureux de cette union de deux chapitres également illustres, mesure qui ne fut prise qu'à la suite d'une enquête et d'une procédure considérable, dont on trouve les détails dans un gros volume manuscrit, conservé à la bibliothèque de Vienne, fut la cessation, hélas! il faut bien le dire, de certains conflits de préséance dans les cérémonies et les processions publiques, résultant du voisinage des deux collégiales, trop rapprochées pour ne pas se faire ombrage.

L'église de Saint-Chef, cédée au culte public sous le patronage du chapitre, eut pour premier curé un M. Valet, de Vienne. De grandes réparations et des dépenses d'ameublement, dont le devis montait à 9,000 fr., durent y être faites. On ne put obtenir que 5,000 fr. du chapitre. Le reste de la somme fut avancé par Clément Gay, mon arrière-grand-père maternel, qui fut autorisé à s'indemniser au moyen d'un impôt réparti par foyers. Mais quelques notables de l'endroit ayant fait opposition à ce prélèvement de fonds, le Parlement de Grenoble dut intervenir, et le sieur Gay put recouvrer ses droits (papiers de famille).

Quant à ses terriers de Saint-Chef et des environs, et à ses droits de toute nature, le noble chapitre en conservait, selon le cas, la propriété ou la jouissance comme auparavant, et cet état de choses dura jusqu'à la Révolution de la fin du siècle, laquelle, abolissant tous les priviléges et déclarant les biens de mainmorte propriété de l'Etat, fit vendre ces belles propriétés, divisées aujourd'hui entre les habitants du pays. Après avoir perdu leur temporel, les chanoines, songeant à sauver leur vie, se dispersèrent et se réfugièrent de part et d'autre.

Leurs cloîtres de Saint-Chef sont détruits, il ne reste que l'habitation du doyen qui est aujourd'hui maison commune, après avoir servi longtemps de presbytère. (Voir note M.)

En reproduisant l'inscription d'une de leurs cloches, nous avons donné la nomenclature des chanoines de Saint-Chef en 1764; voici celle des membres dont se composait, en 1786, le royal et noble chapitre de Saint-Pierre et Saint-Theudère :

DIGNITAIRES :

MM. de Regnauld de Bellecise, *évêque de Saint-Brieuc*, *abbé commenditaire de Saint-Pierre*; de Rachais, *doyen*; de Cordon de Veyrin, *sous-doyen*.

CHANOINES :

MM.

De Châtelard.

De Charconne, *vic. général d'Auch.*

De Vavre de Bonce.

De Bis de Vallier.

De Meffrey.

Du Peloux.

De Neyrieu de Domarin.

D'Arces, *grand vic.*

De Michalon, *vic. gén. d'Embrun.*

De Moyria.

De Meffrey de Cézarges.

De Saint-Ours l'Echaillon.

De Chivalet de la Garde.

De l'Ile de Boulieu.

De Bovet.

De Virieu-Pupetière.

De Rigaud-Serezin.

MM.

De Gratel de Dolomieu.

De Rachais.

De La Porte Montagneu.

De Rastel de Rocheblave.

Dupeloux de la Vilette.

De Mareschal, l'aîné.

Dupeloux de la Terrasse.

De Mareschal, cadet.

De Vernoux.

De Morard.

De La Meyrie.

De Bouillé.

De Buffevent.

De Bellecise.

De Corbeau.

De Laurencin.

Des Harengs de la Condamine.

Et 2 dignitaires : 36.

HONORAIRES :

MM. de Leyssin, *archevêque d'Embrun*; de Mercy, *évêque de Luçon*; de Latour du Pin, Montauban, *archevêque d'Auch*; de Leyssin, *abbé de Boscaudon*; de Chambaran.

HABITUÉS :

MM. de Chabon, de Leyssin, de Morel d'Hauterive, Dumont de Monfaucon, de Bardonenche, de Buffévent, de Bausset de Roquefort, de Chevalier de Sinard, de Manuel, 9. — 45 en tout.

TRÉSORIER, ARCHIVISTE ET GÉNÉALOGISTE :

Guillermin, *notaire*.

CHAPITRE XI.

SAINT-CHEF ACTUEL.

L'abbé Roux, qui desservait la Balme, canton de Crémieu, avant la Révolution, avait la bonne habitude d'émailler les registres de catholicité de sa paroisse d'une multitude de notes touchant les événements contemporains, notes qu'on relit aujourd'hui avec un grand plaisir. Voici ce qu'il dit à propos du départ du chapitre de Saint-Chef pour la ville de Vienne : « *Nota* que c'est cette année 1774 que les chanoines de Saint-Chef ont quitté ce village, où ils étaient depuis le XIVᵉ siècle (ils n'ont été institués chanoines qu'en 1536), et ils ont été réunis au chapitre de Saint-André-le-Bas, à Vienne. Ils ont totalement dévasté leur église ; car en partant ils ont emporté à Vienne les portes de fer du chœur (cette barrière de fer délimitait, au bas de l'église, l'espace laissé aux fidèles, elle était fixée au troisième pilier de droite et de gauche), et deux grosses cloches, dont la plus petite pèse cinquante quintaux. Ces messieurs rendaient cet endroit gracieux quand ils y étaient; maintenant ce n'est plus rien. »

Le départ du noble chapitre fit incontestablement, à Saint-Chef un vide considérable, et sous le rapport du relief que leur présence donnait au pays, et sous celui de la somptuosité du mobilier disparu de la vénérable basilique ; le vide, au point de vue de l'assistance des nécessiteux, et à celui de l'activité que procurait au petit commerce local le soin, non dépourvu d'importance, de ravitaillement quotidien de l'établissement.

Mais, d'autre part, leurs dépouilles opimes, la richesse et la beauté du pays, ne pouvaient manquer d'y produire l'aisance et d'y susciter une nombreuse et active population. Tirant aujourd'hui son importance de lui-même, Saint-Chef, que le vénérable recteur de la Balme estimait ne devoir être *plus rien*, compte pour un des bourgs les plus considérables et les plus vivants de l'arrondissement de la Tour-du-Pin. Sa population varie entre 3,500 et 4,000 habitants, et il comprend dans sa circonscription et sous la préséance de sa vaste basilique de Saint-Theudère, l'église d'Arcisse, qui est le berceau du saint fondateur, l'église paroissiale de Salagnon, la ci-devant église paroissiale de la Chapelle, et l'église dès longtemps projetée de Chamont.

Saint-Chef offre un lieu de résidence des plus agréables : coteaux riches et plantureux, plaines verdoyantes, frais ombrages, ruisseaux limpides, produits des plus variés, doux climat, tout s'y réunit pour en faire un séjour de choix ; aussi voit-on souvent quelque notable des grandes cités venir y fixer ses pénates, et ajouter sa part d'attrait à la physionomie du pays.

Le sol de Saint-Chef, qui est éminemment riche, et sa végétation vigoureuse, entretiennent dans la population une émulation pour le travail des champs, aussi précieuse sous le rapport du corps, dont elle entretient et augmente les forces, que sous celui de l'âme, qu'elle préserve de l'abrutissement et de la corruption. Les habitants de ce pays sont sobres, laborieux, religieux, et ne veulent point oublier qu'ils sont la descendance spirituelle de saint Theudère.

A côté de son hospice pour les vieillards et les malades, Saint-Chef possède deux établissements religieux, de fondation récente, pour l'éducation de la jeunesse : ce sont, pour les garçons, une maison de quatre frères maristes, et pour les filles, une communauté de cinq religieuses de Murinais. Ces établissements qui jouissent à bon droit de la sympathie publique, offrent un concours précieux au zélé curé de la localité et à ses deux collaborateurs, pour l'œuvre de la moralisation de la paroisse.

Saint-Chef a toujours fourni un honorable contingent à la milice sacerdotale, comme aussi, le relevé des religieuses de tout ordre, sorties de ce pays, formerait une nomenclature édifiante. Si l'on considère, en outre, l'esprit de foi qui anime cette bonne population, même aujourd'hui, où la passion de l'indépendance en matière de religion s'efforce de dominer partout, on se persuadera aisément que la protection de saint Theudère ne cesse de la couvrir, et que le Bienheureux affectionne toujours son ancien Val-Rupien.

Vous en avez autrefois arraché les épines, grand Saint, et chassé les serpents et les bêtes venimeuses, pour y établir une maison de prière et y faire chanter les louanges de Dieu; faites de même aujourd'hui : repoussez loin de nous le serpent astucieux qui travaille à perdre les âmes; préservez-nous du venin de l'envie, de la haine et de la détraction; arrachez les épines de la cupidité et des passions basses; enfin faites toujours germer sur cette terre que vous avez défrichée et bénie, les âmes généreuses, les âmes de prière et de dévouement; faites qu'elle produise toujours des hommes riches d'intelligence et de cœur.

K.

Vers le commencement du xᵉ siècle, les Alleman, les Berenger, les Lombard et les Eynard (aujourd'hui de Monteynard), furent appelés, dit-on, par Isarne, évêque de Grenoble, pour chasser une nation païenne, *gentem paganam*, laquelle avait ravagé le Graisivaudan et occupé Grenoble pendant un assez long espace de temps. Tout tend à démontrer qu'il s'agit des Sarrasins, qui, lors de leur seconde invasion dans la France, occupèrent la Provence, le Comtat et une bonne partie des Alpes cottiennes.

Et, par le fait, les traditions généalogiques de ces quatre grandes familles, confirmées par des actes du temps de saint Hugues, évêque de Grenoble, font remonter assez clairement l'origine de leurs vastes possessions féodales à cet appel fait à leur dévouement, et à la répartition opérée en leur faveur, des territoires confiés à leur garde. (M. Fochier de Bourgoin, *Recherches*, commencement du volume.)

Cette note se réfère à ce que nous avons dit touchant le séjour prolongé des Sarrasins dans nos contrées.

L.

Comme nous avons beaucoup parlé des Dauphins et de leurs rapports généralement bienveillants avec l'abbaye de Saint-Chef, nous croyons devoir donner ici la généalogie de chacune des trois branches dont se compose cette maison souveraine.

C'est Guigues le Vieux, comte d'Albon (château situé dans la Drôme) qui est regardé comme la tige des Dauphins. Il est parlé de lui par l'évêque saint Hugues, comme possédant des terres dans son diocèse, dès l'an 1040 (1).

Il sut, sous Conrard le Salique, successeur de Rodolphe le Fainéant, dans le royaume de Bourgogne ou de Provence, et grâce à l'éloignement de ce prince, s'approprier une partie des Etats qui lui étaient échus entre les Alpes et le Rhône, et s'en former une principauté.

Le Dauphiné fut ainsi constitué, mais il ne porta cette dénomination que sous son troisième successeur et en l'année 1140. A Guigues le Vieux avait succédé Guigues le Gras, à celui-ci Guigues III, puis Guigues IV, et Guigues V. Le surnom de Dauphin adopté par Guigues IV, pour des motifs diversement expliqués, convint à la famille et lui resta; de là le Dauphiné. Ces comtes forment la première branche des Dauphins, dits d'Albon. Elle s'éteint en la personne de Béatrix, fille de Guigues V, laquelle épousant Hugues III, des ducs de Bourgogne et de famille royale, eut de lui Guigues VI, dit Guigues-André, auquel fut remis le sceptre delphinal. Ce prince compte pour le premier dauphin de la deuxième race. Il eut pour successeur son fils Guigues VII. A ce dernier, mort en 1270, succéda le jeune Jean Ier, son fils, sous la tutelle de Béatrix de Savoie, sa mère. Jean mourut jeune et sa sœur Anne lui succéda; puis, épousant Humbert Ier, baron de la Tour-du-Pin, vers l'an 1281, elle transmit le Dauphiné à son époux, qui devient ainsi la souche de la troisième race des Dauphins. La maison de la Tour-du-Pin fournit quatre générations de Dauphins, savoir : Humbert Ier, 1283; Jean II, 1307; Guigues VIII,

_____

(1) *Tabularium sancti Hugonis.*

sous la tutelle de Henri, son oncle, évêque de Metz, 1319;
et Humbert II, 1333 ; d'Humbert II, frère et successeur de
Guigues VIII, lequel avait d'abord été destiné à l'Eglise, naquit Guigues-André, qui mourut au berceau, ce qui décida
le Dauphin, son père, à transmettre la principauté du Dauphiné à Charles, fils aîné du duc de Normandie, et petit-fils
du roi Philippe VI, de Valois. C'était l'année 1349.

Et c'est ainsi que la vieille terre des Allobroges, devenue
le Dauphiné, s'acheminait à son incorporation à la couronne,
ce qui fut définitivement accompli sous Louis XI, en 1450.
Il était stipulé dans l'acte de transmission, pour l'honneur
de la province qui passait sous le sceptre royal, que les fils
aînés de nos souverains porteraient à perpétuité le nom de
Dauphin.

M.

1°

Sceau de l'abbaye de Saint-Theudère : une figure humaine,
entourée de rayons divergents, c'est-à-dire l'emblème du soleil, était le cachet authentique du chapitre de Saint-Chef.

2°

MÉREAUX.

On trouve dans le sol de Saint-Chef un grand nombre de
méreaux ou jetons de présence des chanoines au chœur pendant les offices. Ils portent à l'avers l'effigie de Saint-Theudère, et au revers une croix pattée, avec la légende : *Libra*

canonicorum sancti Theuderii. On y trouve aussi le millésime.

3°

PIÈCES JUSTIFICATIVES.

L'agrément qu'ajouterait à ce livre la publication des pièces qui ont servi à sa composition nous engagerait à les reproduire ici dans leur texte original; mais la plupart sont en latin, et alors, agréables à quelques lecteurs, elles seraient *lettre morte* pour le grand nombre.

Nous voulons tout au moins les énumérer et en indiquer la provenance.

TABLEAU

Des principales Pièces qui ont servi à la composition de ce livre.

1° *Vita sancti Theuderii, viennensis abbatis.* — Ecrit de saint Adon, évêque de Vienne, an 865 environ. Voir Mabillon : *Acta sanctor. ordinis Benedict.,* sect. I, page 678.

2º *Præceptum Dom. Formosi, p. pæ* — pour la restauration du monast. de Saint-Theudère, an 891. V. Luc d'Achéry, à cette date.

3º *Præceptum Ludovici regis Burgundiæ* — pour le même objet, an 892 *(ibidem)*.

4º *Præceptum Barnoïni, Viennensis episcopi*, — pour le même objet, an 894 *(ibidem)*.

5º *Privilegium Hugonis, regis Burgundiæ*, — pour la dotation du monastère, an 928 (v. Louvet).

6º Traité passé entre le dauphin Humbert Ier et Aymon, abbé du monast., pour fixer leurs droits et leurs devoirs réciproques, an 1288 (v. Valbonnays, tom. II).

7º *Bulla Joannis XXII, p. pæ.*, — pour l'union de la mense abbatiale de Saint-Theudère à l'archevêché de Vienne, an 1319 (arch. de Vienne, transportée à Grenoble en 1834, rouleau 539 (v. Valbonnais, à cette date).

8º Procédure relative à la sécularisation du monastère. Lettres du roi François Ier à ce sujet. Bulle du pape Paul III, an 1536 (arch. de l'abb.).

9º Procédure relative à la translation de l'abbaye de Saint-Chef en l'église de Saint-André-le-Bas, à Vienne. Brevets du roi Louis XV, an 1743 et 1759. Bulle du pape Clément XIII, 1763. Prise de possession en 1774 (v. les archives de l'évêché de Grenoble, et les cahiers d'enregistrement à la préfecture de la même ville.

10° Procédure relative à la réunion de la collégiale unie de Saint-Theudère et de Saint-André-de-Vienne à celle de Saint-Pierre-de-Vienne. Bulle du pape Pie VI, 1779. Lettres patentes du roi Louis XVI, 1781. Enregistrement au Parlement de Grenoble, à la même date (archives de la préfecture).

Cette dernière procédure, et tout ce qui y a rapport, occupe presque tout un gros volume *in-folio*, manuscrit resté à Vienne dans la bibliothèque de cette ville.

ARCHIVES DE L'ABBAYE DE SAINT-CHEF.

Nous saisissons avec empressement l'occasion de dire un mot des archives de l'abbaye.

Que sont devenus les chartes, titres, registres et documents de toute nature que cet antique établissement avait accumulés pendant treize siècles?

1° Nous avons vu plus haut, dans *l'enquête sur les dégâts commis par les Huguenots*, que ces impies avaient déchiré et jeté à la voirie, en 1562, tout ce qu'ils avaient trouvé dans l'église abbatiale, en fait de titres, parche-

mins, priviléges, reconnaissances, etc., de telle sorte
que l'église, le cimetière et le grand chemin jusqu'au
pilotis en étaient couverts, et qu'on était obligé de marcher sur des monceaux de papiers lacérés.

Après avoir commis cet acte de vandalisme, ceux qui
en étaient les auteurs ne purent se défendre de quelque
remords, et un des capitaines en fit l'aveu public :
« Nous avons fait aujourd'hui une mauvaise chose, car
l'on m'a dit qu'il y avait là plusieurs chartes et priviléges fort beaux qui auraient servi à notre religion et fait
plaisir au roi. »

Toutefois, la chancellerie de Vienne possédait naturellement quelques *duplicata* de ces chartes. Et nous
venons de voir l'historien Valbonnais nous renvoyer
aux archives de Vienne, rouleau 539, pour la bulle du
pape Jean XXII, qui unit la manse abbatiale de Saint-
Theudère à l'archevêché, en l'année 1319.

C'est aussi aux archives de la métropole que nos
historiens renvoient le lecteur pour tout ce qui a trait
à la sécularisation de l'abbaye, opérée en 1536, vingt-
six ans avant le passage des protestants.

2° Mais ces archives de Vienne, et celles postérieures
au passage des Huguenots, que le noble chapitre a dû
emporter à Saint-André-le-Bas, en s'y rendant, où se
trouvent-elles aujourd'hui ?

Nous sommes en mesure de faire enfin une réponse
à une question qui nous a longtemps occupé nous-
même.

Nous avons trouvé, avec le concours de M. le cha-

noine Auvergne, une grande partie de ce trésor aux
archives de l'évêché de Grenoble, *salle des archives,
deuxième étagère à droite en entrant, le rayon le plus bas.*
Il s'y trouve cinq ou six gros volumes manuscrits, re-
liés en parchemin, plus une certaine quantité de
liasses.

Mais la collection n'est pas complète. Un volume
semblable est resté à la bibliothèque de Vienne. Ce volume, qui contient la procédure à laquelle donna lieu
le projet d'union des deux insignes abbayes de la cité
viennoise, savoir : celle de Saint-Theudère, installée à
Saint-André-le-Bas, et celle de Saint-Pierre; ce volume est resté à Vienne par mégarde peut-être lorsque,
en 1834, on envoya à Grenoble ceux qui se trouvent à
l'évêché.

Le désastreux incendie dont la bibliothèque de
Vienne a souffert, en 185'', peut avoir anéanti quelques-uns des documents appartenant à Saint-Chef, et
M. le bibliothécaire de la ville prétend avoir retrouvé
des fragments brûlés d'une bulle pontificale octroyée à
ce monastère, mais les renseignements font défaut à cet
égard.

3° Quant au contenu des volumes réunis aux archives
de l'évêché de Grenoble, rapidement feuilletés par
nous, nous pouvons en donner un petit aperçu :

C'est d'abord le volumineux registre des délibérations capitulaires qu'on peut suivre à partir de 1693,
jusqu'aux derniers jours de l'existence de l'abbaye : il
y a deux sortes d'assemblées du chapitre : les ordi-

naires et les extraordinaires. Dans les premières qui se
tiennent deux fois par an, dont l'une à la fête de saint
Theudère, et l'autre six mois après, on relit les statuts
et priviléges de la communauté, afin d'en raviver
l'observation ou la conservation. Les constitutions
apostoliques et les prescriptions du concile de Trente,
relatives aux collégiales, forment la base de cette règle
(v. le conc. de Trente, aux titres : *Canonici, capitulum,
collegiatæ ecclesiæ*).

Les autres assemblées du chapitre sont tenues chaque fois que les intérêts spirituels ou temporels de
l'abbaye le demandent. On s'y occupe d'affaires diverses : réception d'un postulant, répression de quelque infraction aux statuts, par ex., d'une absence trop
prolongée; la peine imposée est ordinairement le retrait
du *gros fruit*, ou revenus de la prébende, estimés de
deux à trois cents francs, ou des *fruits ordinaires* représentant l'honoraire d'un office accompli. — Pré-
sentation au révérendissime archevêque d'un sujet,
prêtre, pour tel ou tel de leurs prieurés. — Mémoires
divers adressés, suivant les circonstances, au Souverain Pontife, au roi, à l'archevêque. — Réparations
projetées à l'église, ou aux cloîtres, devis des travaux.
— Emprunt d'une somme de dix mille francs fait à la
Grande-Chartreuse pour des dépenses extraordinaires.
—Constitutions de rentes viagères ou autres consenties
par l'établissement. — Conventions arrêtées avec l'hôtelier, le boulanger ou tout autre employé de l'abbaye.
— Vote d'une somme de quarante francs pour les ho-

noraires d'un cordelier, prédicateur du carême en
l'église abbatiale, etc., etc.

Il se trouve dans ces volumes des procès-verbaux
de visites épiscopales fort intéressants. Le compte-
rendu de l'accueil fait au prélat auquel on concède la
première stalle du côté de l'épître ; les avis qu'il donne
à propos de la tenue de l'église, de l'état où sont trou-
vés et les vases sacrés et les ornements sacerdotaux ;
les détails relatifs à l'examen des saintes Reliques, des
autels et de tout le mobilier de la basilique, tout cela
est agréable à voir. Et nous voudrions pouvoir insérer
ici notamment ce qui se rapporte à la visite faite en
1734 par Msr Oswald de la Tour d'Auvergne.

A côté des délibérations capitulaires, on trouve une
multitude d'actes touchant aux intérêts purement temporels de l'établissement, ainsi par exemple arrentement des terriers de Bourgoin, de Morestel, de Crémieu. — Arrentement des Annates. — Location des
fours banaux de Saint-Chef à Joseph Cherin ; des moulins à Riter. — Arrentement du pré Moine, du pré Jail-
let, du pré Mulet, du pré des Anes, etc. — Alberge-
ment des eaux pluviales et autres au lieu de Vasselin,
passé (1740) au sieur Matthieu Varnet (mon trisaïeul),
propriétaire audit lieu, pour l'arrosement de ses
prairies. — Arrentement des dîmes de Crucillieux,
Trieu, Versin ; des vignes de Planaise et de Choulins
(Saint-Chef). — Arrentement des dîmes de Creys, du
Bouchage, de Passins, de Montceau, de Vezeronce, de
Champier, de Nantoin, de Menufamille, d'Optevoz, de

Thoirin, de Chirens (de Lépin, en Savoie), etc., etc.
(Sa majesté le roi de Sardaigne avait obtenu l'admission
de sujets de son duché de Savoie dans l'abbaye de
Saint-Chef, ce qui explique le droit de dîmes, même
en certaines localités savoisiennes).

Nous ne poursuivons pas une énumération qui de-
viendrait fastidieuse.

Ces volumineux manuscrits portant, au bas des délibérations, la signature des titulaires de l'abbaye des
deux derniers siècles, offriraient par là même des renseignements parfois précieux aux familles nobles encore existantes qui ont eu quelques-uns des leurs dans
cet établissement.

On extrairait aussi de ces registres plus d'un document, non dépourvu d'intérêt, pour un supplément à
ajouter plus tard à ce livre.

Le moment est venu, à l'heure présente, de clore
enfin cette esquisse historique. *Nunc enim proprior
est nostra salus quam cum credidimus.*

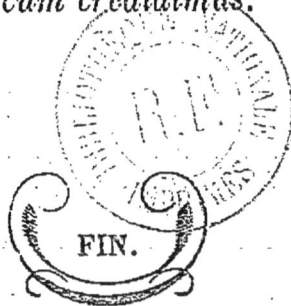

FIN.

TABLE.

ERRATA :

Page ix, ligne 18, lisez : Tout étonnée.
Page xi, ligne 12, lisez : esquisse.
Page 55, ligne 22, lisez : pacages.

www.ingramcontent.com/pod-product-compliance
Lightning Source LLC
Chambersburg PA
CBHW070816270326
41927CB00010B/2430